독일어
문법
연습
A1

머리말

독일어 문법 연습 A1은 A1 단계의 독일어 학습자들을 대상으로 개정된 괴테 인증 시험 (*Goethe-Zertifikat A1: Start Deutsch 1*)에서 등장하는 주제를 다루고 있는 초급 학습자들에게 최적화된 문법 연습 교재입니다.

이 책은 독일어권 국가뿐만 아니라 전 세계의 독일어 학습자들이 자신이 배운 문법을 연습하고 활용해 볼 수 있도록 설계된 참고서입니다. 혼자 공부하는 학습자들도 쉽게 독일어 문법을 응용하고 원리를 터득할 수 있도록 도표와 실생활에서 쉽게 접할 수 있는 예문들로 문법을 설명하고 있습니다. 또한 연습한 문제를 직접 확인해 볼 수 있는 정답과 내용 이해를 위한 번역을 수록하고 있어 교실에서는 물론 독학 학습자들도 혼자 학습하는 데에 있어서 어려움이 없도록 했습니다.

독일어 문법 연습 A1의 목표는 학습자들이 독일어를 정확하게 구사하도록 하는 것입니다. 해당 문법 사항을 설명하는 도표는 정확하고 구조적으로 짜여져 있어, 학습자들이 독일어 문형을 한눈에 파악함으로써 보다 쉽게 문형을 이해할 수 있도록 하였습니다. 예문과 연습 문제에 사용된 어휘는 기초 단계에서 알아야 할 어휘로, 학습자들이 어휘에 막혀 문법 연습을 하는 데에 방해가 되지 않도록 꼭 알아야 할 어휘들을 선별하여 뜻까지 제공함으로써 문법 연습에 몰입할 수 있도록 했습니다.

이 책을 통해 학습자들이 보다 쉽고 효과적으로 독일어 문법의 원리를 파악하여 독일어 문법을 더 재미있게 공부할 수 있기를 바랍니다.

편역자 **이영선**

일러두기

독일어 문법 연습 A1은 6개 장에 46개의 문법 사항을 다루고 있고, 각각의 문법 사항은 '문법 이해하기'와 '연습하기'의 두 페이지로 구성되어 있습니다.

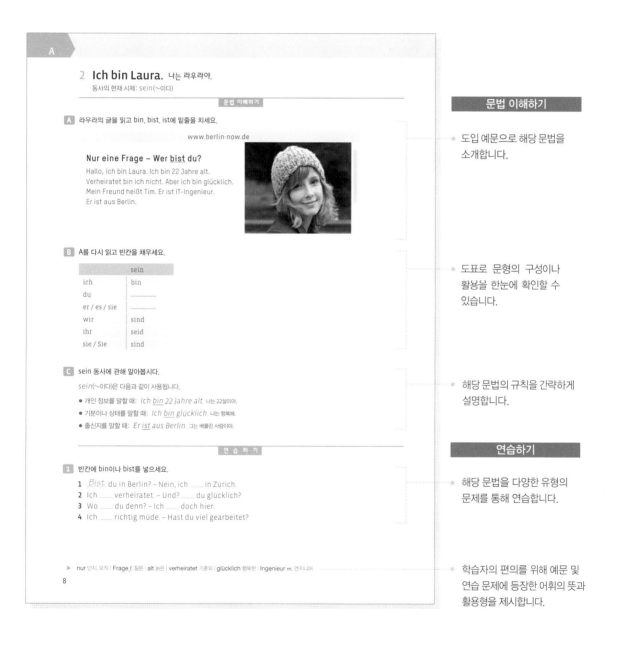

문법 이해하기

도입 예문으로 해당 문법을 소개합니다.

도표로 문형의 구성이나 활용을 한눈에 확인할 수 있습니다.

해당 문법의 규칙을 간략하게 설명합니다.

연습하기

해당 문법을 다양한 유형의 문제를 통해 연습합니다.

학습자의 편의를 위해 예문 및 연습 문제에 등장한 어휘의 뜻과 활용형을 제시합니다.

목차

D Artikelwörter 관사

E Präpositionen 전치사

F Satz 문장

1 Ich und du 나와 너

인칭 대명사 1격

A 다음 그림을 보고 *ich*(나는)와 *wir*(우리는)로 빈칸을 채우세요.

B A를 다시 읽고 빈칸을 채우세요.

	단수				복수		
1인칭		ich				wir	
2인칭		....		Sie		ihr	Sie
3인칭		er	es	sie		sie	

C 인칭 대명사에 관하여 알아봅시다.

ich, du 등을 인칭 대명사라고 부릅니다.
인칭 대명사는 사람을 가리키는 대명사입니다.

ich 나는 wir 우리들은
du/Sie 너는/당신은 ihr/Sie 너희들은/당신들은
er/es/sie 그는/그것은/그녀는 sie 그들은

1 빈칸에 알맞은 인칭 대명사를 넣으세요.

wir i̶h̶r̶ du er ich sie es Sie sie

2 1번의 인칭 대명사를 단수와 복수로 구분해 보세요.

단수

Ich, _____, _____, _____, _____

복수

_____, _____, _____

3 *ich*, *wir* 중 올바른 인칭 대명사에 밑줄을 쳐 보세요.

1 Hallo, *ich* / *wir* bin Emma. – Hallo, Emma.
2 Und das ist Rob, mein Freund. *Ich* / *Wir* kommen aus Boston. – Hi, Rob.
3 *Ich* / *Wir* sind seit zwei Monaten in Wien. Und du? – *Ich* / *Wir* bin seit einem Jahr hier.

4 *er*, *es*, *sie*로 빈칸을 채우세요.

1 Ist das Kind wieder gesund? – Nein, *es* ist noch krank.
2 Woher kommt der Chef? – _____ kommt aus der Schweiz.
3 Die Deutschlehrerin finde ich gut. – Ja, _____ ist wirklich sehr nett.

5 정중한 표현 *Sie*와 친근한 표현 *du* 중 알맞은 형태에 밑줄을 쳐 보세요.

1 Guten Tag. Sind *du* / *Sie* Frau Ludwig? – Guten Tag. Nein, mein Name ist Becker.
2 Entschuldigung. Und wer sind *du* / *Sie*? – Ich heiße Klein, Sarah Klein.
3 Hallo, und *du* / *Sie* bist ...? – Hallo! Ich bin Kim.
4 Arbeitest *du* / *Sie* auch hier? – Ja, ich bin Praktikantin.

6 알맞은 인칭 대명사를 골라 빈칸을 채우세요.

~~ihr~~ du du ihr du du

1 Hallo, wer seid *ihr* denn? – Hallo, ich bin Paola, und das ist Juan. Und wer bist _____?
2 Ich heiße Nina. Und woher kommt _____? – Aus Kuba. Und _____? Woher kommst _____?
3 Aus der Schweiz. _____ sprichst aber gut Deutsch, Paola. – Danke.

7 단수인가요, 복수인가요? ✔ 표시하세요.

1 Wie heißt sie denn? – Maria. ✔ ○
2 Und woher kommt sie? – Aus Chile. ○ ○
3 Sind Cathy und Paul auch im Kurs? – Ja, sie lernen Deutsch. ○ ○

8 자신의 가장 친한 친구에 관해 두 개의 문장으로 써 보세요.

Mein Freund ist groß. Er

_____

▶ Freund *m.* 친구 | kommen 오다 | Monat *m.* 달, 월 | seit ~이래로, 이후로 | Jahr *n.* 해, 년 | hier 여기에 | wieder 다시 | gesund 건강한 | krank 아픈 | Chef *m.* 사장, 지배인 | wirklich 정말로 | sehr 몹시, 아주 | nett 친절한 | Entschuldigung *f.* 실례 | wer 누가 | heißen (du heißt) 이름이 ~이다 | arbeiten (du arbeitest) 일하다 | auch 역시 | Praktikantin *f.* 실습생 | lernen 공부하다

2 **Ich bin Laura.** 나는 라우라야.

동사의 현재 시제: sein(~이다)

A 라우라의 글을 읽고 bin, bist, ist에 밑줄을 치세요.

www.berlin-now.de

Nur eine Frage – Wer <u>bist</u> du?

Hallo, ich bin Laura. Ich bin 22 Jahre alt.
Verheiratet bin ich nicht. Aber ich bin glücklich.
Mein Freund heißt Tim. Er ist IT-Ingenieur.
Er ist aus Berlin.

B A를 다시 읽고 빈칸을 채우세요.

sein	
ich	bin
du	_____
er / es / sie	_____
wir	sind
ihr	seid
sie / Sie	sind

C sein 동사에 관해 알아봅시다.

sein(~이다)은 다음과 같이 사용됩니다.

- 개인 정보를 말할 때: *Ich <u>bin</u> 22 Jahre alt.* 나는 22살이야.
- 기분이나 상태를 말할 때: *Ich <u>bin</u> glücklich.* 나는 행복해.
- 출신지를 말할 때: *Er <u>ist</u> aus Berlin.* 그는 베를린 사람이야.

1 빈칸에 bin이나 bist를 넣으세요.

1 *Bist* du in Berlin? – Nein, ich _____ in Zürich.
2 Ich _____ verheiratet. – Und? _____ du glücklich?
3 Wo _____ du denn? – Ich _____ doch hier.
4 Ich _____ richtig müde. – Hast du viel gearbeitet?

▶ nur 단지, 오직 | Frage *f.* 질문 | alt 늙은 | verheiratet 기혼의 | glücklich 행복한 | Ingenieur *m.* 엔지니어

2 어울리는 사진과 문장을 연결하세요.

1 C Wir sind ein Team.　　2 _____ Ich bin aus Berlin.　　3 _____ Ich bin Studentin.

4 _____ Bist du Lisa?　　5 _____ Ich bin glücklich.　　6 _____ Sind Sie Herr Simon?

 A
 B
 C
 D
 E
 F

3 엠마의 가족에 대한 소개입니다. 알맞은 동사에 밑줄을 그으세요.

◆ Das ist mein Vater. Er (1) <u>ist</u> / sind erst 58. Und hier ist meine Mutter.
Sie (2) ist / sind hübsch, oder?

○ Ja, sehr. Und die da? Wer (3) ist / sind denn die?

◆ Das (4) ist / sind meine Geschwister. Und meine Großeltern (5) ist / sind hier.

○ Wow, so eine große Familie!

4 알맞은 동사 형태를 찾아 빈칸을 채우세요.

seid　wir sind　ihr seid　wir sind　~~sind~~

1 Julian und ich, wir _sind_ glücklich.
2 Sarah und du, ihr _____ reich.
3 Ich und meine Familie, _____ in Köln.
4 Du und dein Freund, _____ am Wochenende in Berlin.
5 Meine Frau und ich, _____ noch jung.

5 마이크의 이야기를 읽고, 괄호 안의 글자를 배열하여 빈칸을 채우세요.

Mike: Hallo, hallo! Das hier (1) _bin_ (nib) ich ... Halt! Nein! Das (2) _____ (isnd) wir, meine Freundin Laura und ich. Laura (3) _____ (sit) aus Köln, ich komme aus Berlin. Laura (4) _____ (sti) 22 Jahre alt. Sie (5) _____ (tis) Studentin. Ich arbeite. Ich (6) _____ (ibn) IT-Ingenieur. Wir gehen gerne ins Kino. Titanic (7) _____ (its) unser Lieblingsfilm.

6 자신에 관한 SNS 메시지를 만들어 보세요.

Name?　Beruf?　Verheiratet?　Alter?　Lieblingsfarben?　Hobby?

Mein Name ist Mia.
_____
_____

▶ richtig 정말 | müde 피곤한 | viel 많은 | Vater *m.* 아빠 | Studentin *f.* 여대생 | Mutter *f.* 엄마 | hübsch 예쁜 | Geschwister *n.* 형제자매 | Großeltern *pl.* 조부모님 | groß 큰 | Familie *f.* 가족 | reich 부유한 | Wochenende *n.* 주말 | jung 젊은, 어린 | Lieblingsfarbe *f.* 좋아하는 색

3 Ich heiße Emma. 내 이름은 엠마야.

동사의 현재 시제: 규칙 동사

문법 이해하기

A 엠마의 글을 읽으세요. 그리고 밑줄 친 동사들의 원형을 아래에 써 보세요.

www.meindeutschkurs.blogspot.de

Hi, ich heiße Emma. Und das ist mein Deutschkurs. Wir lieben Deutsch, und wir lieben Selfies. Das ist Eliana. Sie kommt aus Brasilien. Und das sind Satoshi und Juji. Sie kommen aus Japan und arbeiten bei Fujitsu hier in Berlin. Und wow! Das sind Maria, Michele und Cathy. Maria kommt aus Spanien, Michele aus Italien und Cathy aus England. Maria macht ein Praktikum, Michele studiert und Cathy arbeitet als Lehrerin an der Berlin Cosmopolitan School. Wir wohnen alle in Berlin.

heiße – heißen,

B A를 다시 읽고 아래의 표를 채워 보세요.

	kommen	machen
ich	komme	mache
du	kommst	machst
er / es / sie	kommt	mach........
wir	kommen	machen
ihr	kommt	macht
sie / Sie	kommen	machen

	heißen	arbeiten
ich	heiß........	arbeite
du	! heißt	! arbeitest
er / es / sie	heißt	! arbeit........
wir	heißen	arbeiten
ihr	heißt	! arbeitet
sie / Sie	heißen	arbeiten

C 규칙 동사에 대해 알아봅시다.

- *kommen*(오다), *machen*(~을/를 하다) 등은 규칙 동사입니다. 또 다른 예로 *lieben*(사랑하다), *studieren*(~을/를 공부하다), *wohnen*(~에 살다) 등이 있습니다.

- 규칙 동사 중에도 형태가 달라지는 것이 있으니 주의하세요.
  heißen(이름이 ~이다) du heiß**s**t | *arbeiten*(일하다) du arbeit**e**st, er arbeit**e**t.

연 습 하 기

1 다음 표를 완성하고 동사 어미에 표시하세요.

	wohnen	lieben	studieren
ich	*wohn*ⓔ		
du			
er / es / sie			
wir			
ihr			
sie / Sie			

▶ lieben 사랑하다 | kommen 오다 | machen 하다 | Praktikum *n.* 실습 | studieren ~을/를 전공하다 | Lehrerin *f.* 여교사 | wohnen ~에 살다

2 e, (e)st, t로 빈칸을 채우세요.

1 Woher komm*st* du? – Ich komm___ aus Italien.
2 Wo wohn___ du? – Ich wohn___ in Berlin.
3 Was mach___ du beruflich? – Ich arbeit___ als Krankenschwester.
4 Hi. Ich heiß___ Valentina. Und wie heiß___ du? – Ich heiß___ Christian.
5 Arbeit___ du bei Siemens? – Nein, ich arbeit___ bei Daimler.

3 슈테피와 로버트에 관한 이야기를 읽고 알맞은 동사 형태를 넣으세요.

1 Was (1) *macht* (machen) Stephie denn beruflich? – Sie (2) _____ (studieren) und sie (3) _____ (arbeiten) als Kellnerin.
2 Ah! Und wo (4) _____ (wohnen) sie? – Sie (5) _____ (wohnen) in Berlin, in Kreuzberg.
3 Und ihr Freund? Was (6) _____ (machen) er? – Robert? Er (7) _____ (arbeiten) schon. Er ist IT-Ingenieur bei Siemens.

4 인칭에 알맞은 동사 형태를 고르세요.

Wir	○ macht	✔ machen	Pause.
Carla und David	○ liebt	○ lieben	Italien.
Ihr	○ wohnt	○ wohnen	in Wien.
Martha und ich	○ arbeitet	○ arbeiten	am Wochenende.
Ihr	○ kommt	○ kommen	bitte in den Deutschkurs!

5 정중한 표현인가요, 친근한 표현인가요? 알맞은 동사 형태에 밑줄을 쳐 보세요.

1 Herr Müller, woher *kommst / kommen* Sie?
2 *Kommst / Kommen* du auch aus Berlin?
3 Entschuldigung, wie *heißt / heißen* Sie?
4 Sag mal, wie *heißt / heißen* du denn?
5 *Arbeitest / Arbeiten* Sie auch bei Siemens?
6 Wo *arbeitest / arbeiten* du?

6 오른쪽 메시지를 읽고 아래의 동사 올바른 형태를 빈칸에 넣으세요.

arbeiten gehen ~~sein~~ machen sein
wohnen heißen machen lernen

7 자신의 실제 혹은 가상의 독일어 수업에 관한 블로그 메시지를 써 보세요. 그리고 함께 수업을 듣는 학생 중 두 명에 대해 소개해 보세요. 그들의 고향은 어디인지, 어떤 일을 하고 또 어디에서 사는지 적어 보세요.

Hallo, das ist mein Deutschkurs:

_____

_____

Hallo Stephanie, ich (1) *bin* jetzt in Wien. Mein Bruder (2) _____ auch hier. Ich (3) _____ ein Praktikum und (4) _____ Deutsch. Wien (5) _____ richtig cool! Ich habe auch schon einen Freund. Er (6) _____ Johann und wir (7) _____ zusammen ins Fitness-Studio. Und wie geht's dir? Was (8) _____ deine Familie? (9) _____ du immer noch so viel?
Bis bald, Dein Rod

▶ **alle** 모두 | **beruflich** 직업적으로 | **Krankenschwester** *f.* 간호사 | **Kellnerin** *f.* 여자 웨이터 | **Pause** *f.* 휴식 | **Bruder** *m.* 형제 | **zusammen** 함께 | **bald** 곧

4 Ich habe einen Traum. 나는 꿈을 가지고 있어요.
동사의 현재 시제: haben

A 다음을 읽고 habe, hat, haben을 찾아 밑줄을 쳐 보세요.

Träume

Ich <u>habe</u> einen Garten.
Ich habe ein Haus.　　　Ich habe einen Traum.

Sie hat einen Job.
Sie hat einen Freund.　　Sie hat einen Traum.

Wir haben Kinder.
Wir haben Glück.　　　Wir haben einen Traum.

B A를 다시 읽고 오른쪽의 표를 채워 보세요.

C haben 동사에 대해 알아봅시다.

haben(~을/를 갖다)은 대체로 가지고 있는 것에 대해 말할 때 쓰는 동사입니다.
Ich habe einen Garten. 나는 정원을 갖고 있다.

	haben
ich	
du	hast
er / es / sie	
wir	
ihr	habt
sie / Sie	haben

1 독일어와 영어를 비교해 보고
차이점을 알아보세요.
그리고 한국어로 번역해 보세요.

독일어	영어	한국어
Ich habe einen Job.	I have a job.	....
Ich habe Hunger.	I am hungry.	....

2 habe와 hast 중 문맥에 알맞은 올바른 형태에 밑줄을 쳐 보세요.

1 Möchtest du etwas trinken? – Ja, ich *habe / hast* Durst.
2 *Habe / Hast* du Hunger? – Ja, ich möchte Pizza essen.
3 *Habe / Hast* du morgen Zeit? – Nein, leider nicht.
4 Was *habe / hast* du denn? – Ich *habe / hast* Angst.
5 Was machst du, Annika? – Ich bin Studentin. Und ich *habe / hast* einen Job als Kellnerin.

3 에밀리의 가족에 대해 읽고 빈칸에 haben 동사의 올바른 변화형을 넣으세요.

1 Meine kleine Schwester heißt Lisa. Sie *hat* schon einen Freund und einen super Job.
2 Mein Bruder, Christian, wohnt in Berlin. Er wohnt allein. Er _____ eine schöne Wohnung.
3 Meine große Schwester heißt Tina. Sie ist mit Michele verheiratet. Tina und Michele leben i
Wien. Und Tina _____ ein Kind.
4 Meine Großeltern wohnen auf dem Land. Sie _____ eine Katze und ein Pony.
5 Meine Freundin sagt immer: „Ihr _____ Glück. Ihr _____ so eine große Familie!"
6 Das stimmt. Wir _____ wirklich Glück.

▶ Traum *m.* 꿈 | Garten *m.* 정원 | Haus *n.* 집 | Kinder (*pl.* Kinder) 아이 | Glück *n.* 행운 | möchten ~을/를 하고 싶다 | etwas 무엇인가 |
trinken 마시다 | Durst *m.* 갈증 | Hunger *m.* 배고픔 | essen 먹다 | morgen 내일 | Zeit *f.* 시간 | leider nicht 유감스럽게도 아니다 | Angst
f. 두려움 | allein 혼자 | schön 좋은 | Wohnug *f.* 집 | Schwester *f.* 자매 | Katze *f.* 고양이 | Pony *n.* 조랑말 | stimmen 맞다, 일치하다

4 정중한 표현인가요, 친근한 표현인가요? du 혹은 Sie에 맞게 haben 동사의 올바른 변화형을 넣으세요.

1 _Haben_ Sie denn keinen Job? – Doch, aber ich arbeite nachts.
2 Wir kaufen das Auto. – Wirklich? .... du denn das Geld?
3 Hurra, ich habe den Job. – Toll! Du .... wirklich Glück.
4 Entschuldigung, wann .... Sie Pause? – In fünf Minuten.

5 대화에서 잘못된 부분을 찾아 바르게 고치세요.

1 ~~Habt~~ Sie noch Salat? – Ja, im Kühlschrank.   _Haben_
2 Und Carla und Tom? Habt sie denn Zeit? – Nein, leider nicht.   ....
3 Wo ist Emma? – Sie holt Pizza. Sie hast Hunger.   ....
4 Habt Sie eine Mobilnummer? – Ja, klar.   ....

6 아래 메시지를 읽고 haben 동사의 알맞은 변화형을 넣으세요.

> Hi Michele, wir sind jetzt in Berlin. Und wir
> (1) _haben_ wirklich Glück. Das Wetter ist super!
> Wir schlafen bei Eric. Er (2) .... eine tolle
> Wohnung in Kreuzberg. Und er (3) .... eine
> Katze.
> Erics Freundin heißt Nina. Sie ist aus Berlin und
> (4) .... viele Freunde hier. Sie (5) .... auch
> ein Auto und zeigt uns Berlin. So, jetzt (6) ....
> ich keine Zeit mehr. Bis bald! Sarah

7 haben 동사의 알맞은 형태를 골라 밑줄을 쳐 보세요.

1 _Hat / Haben_ Sie ein Handy? – Ja. Möchten Sie die Nummer?
2 Tina und Carl _haben / hast_ Angst. – Wirklich? Aber warum?
3 Er _habe / hat_ ein Haus und einen Garten. – Ich nicht.
5 Eva _hast / hat_ Hunger. – Komm, wir gehen zu Giovanni und essen Pizza.
6 Wir _hat / haben_ dreißig Grad. – Wirklich! Kannst du da schlafen?
7 Kommt ihr mit? _Habt / Hast_ ihr Zeit? – Nein, leider nicht.

8 인생에서 당신을 행복하게 만드는 세 가지가 무엇인가요? haben 동사를 사용하여 세 문장을 만들어 보세요.

Ich habe Kinder. ....

....

---

nachts 밤에 | kaufen ~을/를 사다 | Geld *n.* 돈 | toll 대단히 좋은 | Minute *f.* 분 | Kühlschrank *m.* 냉장고 | Mobilnummer *f.* 전화번호 | klar 명백한 | Wetter *n.* 날씨 | schlafen 잠자다 | zeigen 보여 주다 | mehr 더 많은 | Wasser *n.* 물 | dreißig Grad 30도 | können (du kannst) 할 수 있다

5 Sie isst gerne Pizza. 그녀는 피자 먹는 것을 좋아해.

동사의 현재 시제: 불규칙 동사

A 레오나르도와 엘리아나에 관하여 읽고 초록색 동사에 포함되어 있는 모음에 밑줄을 쳐 보세요.

life/blog/happy

Hallo, ich bin Leandro. Und das ist meine Schwester Eliana. Sie studiert und spricht drei Sprachen: Spanisch, Englisch und Französisch. Sie liest gerne, trifft Freunde und fährt Longboard. Und sie isst gerne Pizza. Oft lädt sie auch Freunde ein und kocht.

B A를 다시 읽고 아래의 빈칸을 채우세요.

	sprechen e → i	lesen e → ie	fahren a → ä	einladen a → ä	
ich	spreche	lese	fahre	lade	ein
du	sprichst	liest	fährst	lädst	ein
er / es / sie	....	....	....	....	....
wir	sprechen	lesen	fahren	laden	ein
ihr	sprecht	lest	fahrt	ladet	ein
sie / Sie	sprechen	lesen	fahren	laden	ein

C 불규칙 동사에 관하여 알아봅시다.

- *sprechen*(말하다), *lesen*(읽다), *fahren*(타고 가다), *einladen*(초대하다) 등의 동사는 *kommen*(오다) 동사와 동일한 어□ 변화가 일어납니다. 단, *du*, *er/es/sie* 뒤에서 동사 어간에 포함된 모음이 변화하는 차이가 있습니다.
- 모음 변화가 일어나는 그 밖의 불규칙 동사들로는 *essen*(e → i: 먹다), *geben*(e → i: 주다), *treffen*(e → i: 만나다), *sehen*(e → ie: 보다), *schlafen*(a → ä: 잠자다), 분리 동사 *fernsehen*(e → ie: 텔레비전을 보다) 등이 있습니다.

1 동사 원형을 써 보세요.

er isst → *essen*　　ihr spricht → ....　　er trifft → ....　　sie sieht fern → ....

2 동사를 표시하고 아래의 표를 채워 보세요.

(SEHTFERN)LÄDTEINFAHRTLIESTFÄHRSTTRIFFTESSTLESENSIEHTFERNTREFFTLÄDSTEINISST

	treffen	essen	lesen	fahren	einladen	fernsehen
ich	treffe	esse	lese	fahre	lade ein	sehe fern
du	triffst	....	....	....	....	siehst fern
er / es / sie	....	isst	liest	fährt	....	....
wir	treffen	essen	lesen	fahren	laden ein	sehen fern
ihr	....	....	lest	....	ladet ein	*seht fern*
sie / Sie	treffen	essen	....	fahren	laden ein	sehen fern

▶ kochen 요리하다 | sprechen 말하다, 이야기하다 | lesen 읽다 | fahren 타고 가다 | einladen 초대하다 | treffen 만나다

3 리사는 나와 다르게 행동합니다. 동사를 바르게 변화시켜 넣으세요.

1 Ich spreche Deutsch.   Lisa _spricht_ Englisch.
2 Ich treffe Ben.   Sie _____ David.
3 Ich lese Goethe.   Sie _____ Shakespeare.
4 Ich fahre Fahrrad.   Sie _____ Auto.
5 Ich lade meine Familie ein.   Sie _____ ihre Freunde _____.

4 문장에서 잘못 쓰인 동사를 지우고 알맞게 고쳐 쓰세요.

1 Was macht ihr heute? – Wir *trifft* Christine.   _treffen_
2 *Trifft* ihr auch Manu? – Ja, klar. Manu kommt auch.   _____
3 Welche Sprachen *sprechst* du? – Englisch und Deutsch.   _____
4 Und zu Hause? Was *spricht* ihr da? – Immer Italienisch.   _____
5 *Esst* du gerne Pizza? – Nein, lieber Hamburger.   _____

5 주어진 표현들을 넣어 빈칸을 채워 보세요.

Ladet ... ein   Fährst   Lädt ... ein   Lädst ... ein   ~~fährt~~

1 Mein Bruder spielt Tennis und er _fährt_ gerne Ski. – Ja, und du? _____ du auch Ski?
2 _____ du oft Freunde _____? – Ja, am Wochenende.
3 Sie hat Geburtstag. – Und? _____ sie ihre Familie _____?
4 _____ ihr auch deine Mutter _____? – Ja, sicher.

6 아래의 메시지를 읽고 동사를 바르게 변화시켜 넣으세요.

Hallo, wir (1) _fahren_ (fahren) jetzt in die Stadt.
Jo und ich nehmen den Bus.
Tim (2) _____ (fahren) mit dem Auto.
Wir gehen ins Parkcafé und (3) _____ (treffen)
Carla. Kommt ihr auch? Liebe Grüße

Hi, ja, klar. So um elf. Paula arbeitet noch und
ich (4) _____ (lesen).
Liebe Grüße

7 마리아와 사라에 관해 글을 읽고 동사를 바르게 변화시켜 넣으세요.

neuinberlin/blogpost.de

Hi, ich heiße Maria. Und meine Freundin heißt Sara. Sie kommt aus Madrid und ist neu in Berlin. Sie
studiert und (1) _____ zwei Sprachen, Spanisch und Englisch. Sara (2) _____ gerne Krimis, sie
feiert gerne und (3) _____ gerne Freunde ein. Und sie (4) _____ Ski. Sie trinkt gerne Wein und sie
(5) _____ am liebsten Hamburger.

8 당신이 사랑하는 사람에 대해 7번처럼 글을 써 보세요.

Das ist _____

_____

▶ Fahrrad *n.* 자전거 | welche 어떤 | lieber 더 좋아하는 | oft 종종 | Geburtstag *m.* 생일 | Stadt *f.* 도시 | Gruß *m.* (*pl.* Grüße) 인사, 안부 | feiern
파티하다, 기념하다

6 Geh! Geht! Gehen Sie! 가! 가! 가란 말야!

명령문

A 말풍선 내용을 보고 어울리는 사진과 연결하세요.

> 1 _____ Steht langsam auf!
> Atmet ein! Dann atmet aus!

> 2 _____ Mach bitte deine Hausaufgaben!
> Lern bitte deine Vokabeln! Lies bitte den
> Text! Und geh bitte in dein Zimmer!

B 동사의 원형을 넣으세요.

(du) 단수, 비격식체	Geh!	Lies!	Steh auf!
(ihr) 복수, 비격식체	Geht!	Lest!	Steht auf!
(Sie) 단수 혹은 복수, 정중체 또는	Gehen Sie!	Lesen Sie!	Stehen Sie auf!

C 명령문에 대해 알아봅시다.

● 명령문은 다른 사람에게 명령하거나 충고할 때 사용합니다. 보다 공손한 표현을 위해서는 일반적으로 *bitte*를 함께 씁니다.

● 다음은 명령문을 만드는 방법입니다.

친근한 표현 (단수 du)		~~Du~~ kaufst ein. 너는 쇼핑한다.	→ Kauf ein! → 쇼핑해!	~~Du~~ isst. 너는 먹는다.	→ Iss! → 먹어!
친근한 표현 (복수 ihr)		~~Ihr~~ kauft ein. 너희들은 쇼핑한다.	→ Kauft ein! → 쇼핑해!	~~Ihr~~ esst. 너희들은 먹는다.	→ Esst! → 먹어!
정중한 표현 (단수 또는 복수 Sie)	또는	Sie kaufen ein. 당신은 쇼핑합니다.	→ Kaufen Sie ein! → 쇼핑하세요!	Sie essen. 당신은 먹습니다.	→ Essen Sie → 드세요!

1 *bitte*를 사용하여 명령문을 만들어 보세요.

~~lernen~~ buchstabieren schreiben

du	Lern bitte!
ihr	Lernt bitte!
Sie	Lernen Sie bitte!

▶ **aufstehen** 아침에 일어나다 | **einatmen** 숨을 들이쉬다 | **ausatmen** 숨을 내쉬다 | **Hausaufgabe** *f.* 숙제 | **Vokabel** *f.* 단어, 어휘 | **Zimmer** *n.* 방 **buchstabieren** 철자를 읽다

2 명령문을 만들어 보세요.

1 D̶u̶ liest. *Lies bitte!*   3 D̶u̶ isst. _____   5 D̶u̶ sprichs̶t̶. _____

2 D̶u̶ siehs̶t̶. _____   4 D̶u̶ hilfs̶t̶. _____

3 아래의 표를 완성하세요.

du	Steh bitte auf!	Kauf bitte ein!	Ruf bitte an!	Fang bitte an!
ihr	*Steht bitte auf!*			
Sie	*Stehen Sie bitte auf!*			

4 엄마가 폴과 엠마에게 메시지를 남겼습니다. 엄마가 그들에게 무엇을 하라고 하는지 동사를 넣어 주세요.

Paul:
(1) *Mach* (machen) bitte deine Hausaufgaben!
(2) _____ (reparieren) bitte dein Fahrrad!
Und (3) _____ (waschen) bitte deine Hände!
Bis später, Mama

Paul und Emma:
(4) _____ bitte die Fenster _____ (zumachen)!
(5) _____ (trinken) bitte den Orangensaft!
(6) _____ (essen) bitte keine Schokolade!
(7) _____ (lernen) bitte die Vokabeln!
Bis später, Mama

Emma:
(8) _____ bitte deine Oma _____ (anrufen)!
(9) _____ (helfen) bitte deiner Freundin beim Englischtest!
(10) _____ bitte Milch und Butter! (kaufen)
Bis später, Mama

5 선생님이 학생 한 명에게 이야기하는지 학급 전체 학생에게 이야기하는지 ✔ 표시하세요.

1 Lies bitte auf Seite 22. – Ja, klar.   ✔   ○
2 Fangt schon an! Ich komme gleich. – Okay. Machen wir.   ○   ○
3 Arbeitet in Gruppen! – Zu dritt oder zu viert?   ○   ○
4 Sprich bitte lauter! – Das kann ich aber nicht.   ○   ○
5 Bitte buchstabier das mal! – A-P-F-E-L.   ○   ○

6 *bitte*를 사용하여 명령문을 만들어 보세요.

1 (an die Tafel gehen)   Christian, *geh bitte an die Tafel!*
2 (die Aufgabe zusammen machen)   Jakob und Nina, _____
3 (das Wort buchstabieren)   Wie schreibt man das? Peter, _____
4 (lauter sprechen)   Ich versteh dich nicht. _____
5 (anfangen)   Hallo, David und Fabiana. Ich komme gleich. _____

7 선생님이 종종 사용하시는 명령문 세 문장을 적어 보세요.

Lest bitte den Text!
_____

➤ **Hand** *f.* (*pl.* Hände) 손 | **bis** ~까지 | **spät** 늦은 | **Fenster** *n.* 창문 | **Schokolade** *f.* 초콜릿 | **anrufen** 전화를 하다 | **helfen** 돕다 | **Milch** *f.* 우유 | **Butter** *f.* 버터 | **Tafel** *f.* 칠판 | **Wort** *n.* 단어 | **lauter** 더 크게 | **verstehen** 이해하다 | **anfangen** 시작하다

7 Ich stehe um sieben Uhr auf. 나는 7시에 일어나.
분리 동사

A 엠마의 하루 이야기를 읽고 사진에 맞는 문장을 찾고, 문장에 쓰인 동사의 원형을 써 보세요.

_____ _____ _____ *aufstehen*_____

07:00	Sie steht früh auf.	17:00	Sie ruft Ben an.
11:00	Sie kauft Lebensmittel ein.	20:00	Sie sieht fern.

B A를 다시 읽고 아래의 빈칸을 채워 보세요.

	2			문장 맨 뒤	
Sie	steht		früh	auf.	그녀는 일찍 일어납니다.
Sie	kauft		Lebensmittel	……	그녀는 생필품을 삽니다.
Sie	ruft		Ben	……	그녀는 벤을 부릅니다.
Wo	kaufst	du	oft	ein?	너는 어디에서 자주 쇼핑하니?
	Siehst	du		fern?	너는 텔레비전을 보니?
	Mach		bitte das Licht	aus!	등을 좀 꺼줘!

C 분리 동사에 관해 읽고 맞는 것에 ✔ 표시하세요.

- *auf*, *an*과 같은 접사는 동사로부터 분리되고 문장의 ○ 마지막 / ○ 처음으로 이동합니다. 분리 전철을 뺀 나머지 동사는 위의 표 2번 자리에 놓입니다.

- 주요 분리 동사는 다음과 같습니다.

an┊rufen 전화 걸다	ein┊kaufen 쇼핑하다	an┊machen 켜다	ein┊steigen 탑승하다
auf┊räumen 정돈하다	ein┊schlafen 잠이 들다	↕	↕
auf┊stehen 일어나다	fern┊sehen 텔레비전 보다	aus┊machen 끄다	aus┊steigen 하차하다

1 분리 동사를 찾아 밑줄을 쳐 보세요.

1 Wann <u>stehst</u> du morgens <u>auf</u>? – Um sechs.
2 Wo steigen wir aus? – Am Potsdamer Platz.
3 Emma, mach bitte das Licht aus! – Ja, klar.

▶ Lebensmittel *n.* 생필품 | Licht *n.* 등

2 분리 동사에 밑줄을 치고, 동사의 원형을 사용하여 가로세로 퍼즐을 풀어 보세요.

☞ 3 Ich stehe um sieben Uhr auf.
4 Dann rufe ich Paul an.
5 Um elf Uhr mache ich das Licht aus.
6 Ich kaufe um zwei Uhr im Supermarkt ein.

☞ 1 Um zehn Uhr räume ich die Wohnung auf.
2 Abends sehe ich fern.

³A U F S T E H E N

3 2번의 문장들로 아래의 표를 완성하세요.

	2				문장 맨 뒤
Ich	stehe			um sieben Uhr	auf.
Dann	rufe	ich		Paul	an.

4 누가 무엇을 하는지 문장을 만들어 보세요.
1 Emma / halb zehn / auf:stehen — *Emma steht um halb zehn auf.*
2 Fabio / abends / ein:kaufen
3 am Alexanderplatz / Anna / aus:steigen
4 Martha / nachmittags / fern:sehen

5 당신의 동료에게 하고 싶은 질문을 만들어 보세요.
1 wann / auf:stehen / du — *Wann stehst du auf?*
2 beim Frühstück / fern:sehen / du
3 aus:steigen / du / immer am Potsdamer Platz
4 wann / deine Mutter / an:rufen

6 다음은 부모님이 내가 했으면 하시는 일입니다. 명령문을 사용하여 빈칸을 채워 보세요.
1 auf:stehen *Steh* bitte *auf*! 3 auf:räumen _____ doch bitte _____!
2 aus:machen _____ bitte das Licht _____! 4 ein:steigen _____ bitte _____!

7 평범한 하루입니다. 자신의 하루 일과를 적어 아래 동사를 사용하여 적어 보세요.

~~aufstehen~~ aufräumen anrufen einkaufen fernsehen ausmachen einschlafen
Ich stehe um 7 Uhr auf.

▶ **aufräumen** 정돈하다 | **einkaufen** 쇼핑하다 | **einschlafen** 잠이 들다 | **fernsehen** 텔레비전을 보다 | **anmachen** 불을 켜다 | **ausmachen** 불을 끄다 | **abends** 저녁에 | **nachmittags** 오후에 | **Frühstück** *n.* 아침 식사 | **wann** 언제

8 Ich habe Deutsch gelernt. 나는 독일어를 배웠어요.

현재 완료 1: haben 동사와 결합하는 규칙 동사

A 인터뷰를 읽고 과거를 나타내는 동사에 밑줄을 쳐 보세요.

Kommen Sie aus Wien?
    Ja, aber ich wohne in Berlin. In Wien <u>habe</u> ich die Schule <u>besucht</u>.
Haben Sie einen Beruf gelernt?
    Nein, ich studiere noch.
Ah, okay. Ist denn Ihr Englisch gut?
    Ja, sehr gut. Ich habe ein Jahr in England gelebt und studiert.

B A를 다시 읽고 빈칸을 채워 보세요.

	2			문장 맨 뒤	
Ich	habe		in England	_____.	나는 영국에서 _____.
	Haben	Sie	einen Beruf	_____?	당신은 직업 _____?
Sie	hat		das Gymnasium	besucht.	당신은 인문계 고등학교를 다녔나요?
Er	hat		in Berlin	studiert.	그는 베를린에서 공부했다.

원형	→	과거 분사		
lernen	→	gelernt	ge- ...t	
studieren	→	studiert	...t	

C 현재 완료에 관해 읽고 빈칸을 채워 보세요.

- 과거에 대해 말할 때 현재 완료 시제를 사용합니다. 현재 완료 시제에서는 일이 일어난 시점은 중요하지 않습니다.
- 현재 완료는 두 부분으로 이루어지는데, 현재 완료는 _____와/과 문장의 마지막에 위치하는 과거 분사로 이루어집니다.
- 과거 분사는 동사의 원형에서 변형된 형태입니다.

1 다음 시를 읽고 과거 분사의 접두어와 접미어에 밑줄을 쳐 보세요.

> *Dialog – Spaß gehabt*
>
> Was hast du denn <u>gemacht</u> heute Nacht?
> *Gefeiert! Getanzt! Gelacht!*
> Gelernt? Gearbeitet?
> *Nein! Nein! Getanzt, gelacht und Spaß gehabt?*
> Oh! Spaß gehabt!

▶ besuchen 방문하다 | Beruf *m.* 직업 | heute 오늘 | Nacht *f.* 밤 | tanzen 춤추다 | lachen 웃다 | Spaß *m.* 재미

2 과거 분사를 넣으세요.

ge- ...t　　　　　　　　　　　　　　　　　　　　　...t

lernen	*gelernt*	kochen		reparieren	*repariert*
fehlen		schneien		trainieren	
fragen		reisen		verdienen	
holen		sagen		verkaufen	
hören		spielen		telefonieren	

3 과거 분사를 표시하고 그 형태에 따라 아래와 같이 구분해 보세요.

(studiert)(gelebt)gehabtbenutztgearbeitetgesuchtgeschmecktbuchstabiertbezahltbestellt

ge- ...t	*gelebt*
t	*studiert*

4 빈칸을 채우세요.

1 ich　　　　habe gemacht　→ *machen*　　　Ich *habe* gerade Hausaufgaben *gemacht* .

2 du　　　　hast gelernt　→ _____　_____ du heute schon _____ ?

3 er / es / sie　hat telefoniert　→ _____　Er _____ mit seiner Mutter _____ .

4 wir　　　　haben gehört　→ _____　Wir _____ Jazz _____ .

5 ihr　　　　habt besucht　→ _____　_____ ihr Annika und Jan _____ ?

6 sie / Sie　haben gespielt　→ _____　Sie _____ Basketball _____ .

5 주어진 동사의 현재 완료 시제로 빈칸을 채워 보세요.

~~lernen~~　spielen　reparieren　fragen　hören　schneien　verkaufen

1 Sprichst du Deutsch? – Ja, ich *habe* es in der Schule *gelernt* .

2 Was habt ihr gemacht? – Wir _____ Musik _____ .

3 Und was denkt sie? – Ich bin nicht sicher. Ich _____ sie nicht _____ .

4 Wie war das Wetter? – Kalt! Und es _____ .

5 Wo ist dein Auto? – Ich habe kein Auto mehr. Ich _____ es _____ .

6 Läuft das Fahrrad wieder? – Ja, ich _____ es _____ .

7 _____ du Fußball _____ ? – Nein, ich war im Fitness-Studio.

6 문장을 읽고 차이점을 찾은 후, 문장을 번역해 보세요.

독일어	영어	한국어
Wir haben letzte Nacht getanzt.	We danced last night.	
Wir haben im Sommer 1990 getanzt.	We danced in the summer of 1990.	

7 자신의 과거에 대해 현재 완료 시제를 사용하여 세 문장을 만들어 보세요.

Ich habe in Paris gelebt.

▶ **fehlen** 없다, 부족하다 | **fragen** 질문하다 | **holen** 가져오다 | **hören** 듣다 | **schneien** 눈이 내리다 | **reisen** 여행하다 | **sagen** 말하다 | **spielen** (운동을) 하다 | **verdienen** 돈을 벌다 | **verkaufen** 팔다 | **telefonieren** 통화하다 | **Basketball** *m.* 농구 | **denken** 생각하다 | **Wetter** *n.* 날씨 | **wieder** 다시 | **Sommer** *m.* 여름

9 Wir haben Pommes frites gegessen. 우리는 감자 튀김을 먹었어.

현재 완료 2: haben과 결합하는 불규칙 동사

문법 이해하기

A 다음의 일기문을 읽고 동사의 완료형에 밑줄을 쳐 보세요.

Mein Tagebuch

Sonntag, 15. Juni

Heute sind wir auf Sylt.
Sylt ist super!
Mittags <u>habe</u> ich Fisch
und Pommes frites
<u>gegessen</u>.

Am Nachmittag haben wir am
Strand gelesen und geschlafen.
Die Sonne, der Wind! Cool!
Am Abend haben wir Cocktails
in der *Wunderbar* getrunken.

B A를 다시 읽고 아래의 빈칸을 채워 보세요.

	2			문장 맨 뒤	
Ich	habe		Fisch	_____	나는 생선을 _____.
	Hast	du	das Buch	gelesen?	너는 책을 읽었니?
Sie	hat		viel	geschlafen.	그녀는 잠을 많이 잤다.
Wir	haben		Cocktails	_____	우리는 칵테일을 _____.

원형	→	과거 분사			
lesen	→	gelesen	essen	→	gegessen
schlafen	→	geschlafen	finden	→	gefunden
sehen	→	gesehen	trinken	→	getrunken	ge...en
halten	→	gehalten			
geben	→	gegeben			

C 현재 완료에 대해 알아봅시다.

- 과거 분사는 문장의 맨 마지막에 위치합니다.
- 규칙에서 벗어난 형태에 주의하세요: *essen → gegessen, finden → gefunden, trinken → getrunken.*

연습하기

1 대화를 써 보세요.

◆ H4st du d4s Buch d3nn schon g3l3s3n?　　*Hast du das Buch*
◉ N31n, h4b3 1ch n1cht.　　_____

▲ H4st du d3n F1lm g3s3h3n?　　*Hast*
☐ J4, 3r w4r sup3r.　　_____

◆ H4st du gut g3schl4f3n?　　_____
◉ J4, d4nk3.　　_____

▶ Fisch *m.* 생선 | Strand *m.* 해안가 | Sonne *f.* 태양 | Wind *m.* 바람 | halten 멈추다

2 동사 원형을 사용하여 가로세로 퍼즐을 풀어 보세요.

☞ 1 gesehen, 2 gehalten, 6 gegessen, 7 getrunken

👋 1 geschlafen, 3 gelesen, 4 gefunden, 5 gegeben

3 오렌지색 박스에 들어갈 글자들을 조합하여, 독일 북부에 있는 큰 도시의 이름은 무엇인지 알아맞혀 보세요.

___ m _ u ___ ___

4 빈칸을 채워 보세요.

ich	habe *gesehen*	→ sehen	Ich *habe* Maria im Deutschkurs *gesehen* .
du	hast _____	→ essen	_____ du heute Mittag etwas _____?
er / es / sie	hat _____	→ halten	Der Zug _____ nicht in Köln _____ .
wir	haben _____	→ lesen	Wir _____ Harry Potter _____ .
ihr	habt _____	→ schlafen	_____ ihr gut _____?
sie / Sie	haben _____	→ trinken	Sie _____ nur Cola _____ .

5 본문을 읽고 빈칸에 알맞은 과거 분사를 찾아 넣어 보세요.

getrunken   gegessen   gelesen   ~~getrunken~~   gespielt   geduscht   geschlafen

Heute waren wir auf Sylt. Sylt ist wirklich super!
Am Vormittag waren wir in der Stadt, in Westerland. Wir haben Kaffee (1) *getrunken* und Cro-issants (2) _____ Am Nachmittag waren wir dann am Strand. Nils und Nina haben Beachvolleyball (3) _____ Ich habe Zeitung (4) _____ und ein bisschen (5) _____ Ich war richtig müde. Im Hotel haben wir dann (6) _____ Am Abend haben wir Cocktails in der *Wunderbar* (7) _____

6 주어진 동사의 올바른 형태로 문장을 완성하세요.

1 Hast du Durst? – Nein, danke. Ich *habe* schon etwas *getrunken* (trinken).
2 Du, der Bus _____ nicht _____ (halten). – Was? Vielleicht _____ der Fahrer dich nicht _____ (sehen).
3 _____ ihr viel _____ (essen)? – Also, ich nicht. Nur einen Salat und einen Nachtisch.
4 Wo ist denn der Schlüssel? – Tut mir leid, ich _____ ihn nicht _____ (finden).

7 *haben* 동사를 사용하여 오늘 아침 당신이 했던 일을 적어 보세요.

duschen *Ich habe geduscht.* _____   Kaffee trinken _____
Zeitung lesen _____   Müsli essen _____

▶ Zug *m.* 기차 | Vormittag *m.* 오전 | Zeitung *f.* 신문 | richtig 정말, 옳은 | Nachtisch *m.* 후식 | Schlüssel *m.* 열쇠 | duschen 샤워하다 |
Zeitung *f.* 신문 | Müsli *n.* 시리얼

10 Wir sind Fahrrad gefahren. 우리는 자전거를 탔어.

현재 완료 3: sein과 결합하는 동사

문법 이해하기

A 아래의 글을 읽고 현재 완료형에 밑줄을 쳐 보세요.

Mein Tagebuch

Sonntag, 16. Juni

Wir sind immer noch auf Sylt.
Wir lieben es.
Wir <u>sind</u> am Vormittag Fahrrad
<u>gefahren</u> 🚲. Wir haben die
ganze Insel gesehen.

Am Nachmittag ist dann Carla
gekommen 🚗, eine Freundin
aus Hamburg.
Am Abend haben wir getanzt
und gefeiert.

B A를 다시 읽고 빈칸을 채워 보세요.

	2			문장 맨 뒤	
Wir	sind		am Vormittag Fahrrad	....	우리는 오전에 자전거를 ....
Heute	ist		meine Freundin Carla	....	오늘 내 친구 칼라가 ....
	Bist	du	denn heute schon	gelaufen?	너는 오늘 벌써 조깅했니?

원형	→ 과거 분사

fahren 타고 가다 → gefahren	laufen 달리다 → gelaufen	ge...en
kommen 오다 → gekommen	gehen 걷다 → gegangen	

C 현재 완료에 대해 알아봅시다.

● 동사들 중에 현재 완료 시제를 쓸 때 *sein* 결합하는 동사들이 있습니
  다. 이 동사들은 일반적으로 A에서 B로 장소의 이동을 표현하는 동사
  들입니다.

● 규칙에서 벗어난 형태에 주의하세요.: *gehen → gegangen*.

A →→→→→→→→→→→→ B

fahren   kommen   laufen   gehen

🚗 🚲   🚶

연 습 하 기

1 아래와 같이 대화를 연결하세요.

1 Bist du heute morgen gelaufen? ——————   **a** Tim? Er ist einfach gegangen.
2 Ist denn Annika noch gekommen?   **b** Ja, im Westpark.
3 Und wo ist Tim?   **c** Nein, sie ist leider nicht gekommen

2 동사의 원형과 과거 분사를 찾아 연결하고 아래에 써 보세요.

~~fahren~~ laufen kommen gehen   ~~gefahren~~ gekommen gegangen gelaufer

fahren – gefahren

▶ **Tagebuch** *n.* 일기 | **Insel** *f.* 섬 | **laufen** 걷다, 달리다 | **gehen** 가다, 걷다

3 빈칸을 채워 보세요.

1 ich	bin *gelaufen*	→ laufen	Ich *bin* heute morgen im Westpark *gelaufen*.
2 du	bist _____	→ kommen	Du _____ am Nachmittag _____.
3 er / es / sie	ist _____	→ fahren	Sie _____ nach Wien _____.
4 wir	sind _____	→ gehen	Wir _____ auf die Party _____.
5 ihr	seid _____	→ fahren	_____ ihr in die Stadt _____?
6 sie / Sie	sind _____	→ gehen	Sie _____ ins Kino _____.

4 다음 대화를 읽고 *haben*이나 *sein*을 알맞은 형태로 넣으세요.

◆ Was (1) *habt* ihr denn gestern gemacht?

○ Wir (2) _____ gefrühstückt. Dann (3) _____ wir in die Stadt gefahren. Wir (4) _____ auf den Markt gegangen und (5) _____ Obst und Gemüse gekauft. Dann (6) _____ wir in ein Café gegangen und (7) _____ Cappuccino getrunken. Jan (8) _____ auch ein Croissant gegessen.

◆ Und am Nachmittag?

○ Am Nachmittag (9) _____ ich im Westpark gelaufen. Dann (10) _____ ich geduscht und dann (11) _____ Nina gekommen.

◆ Und was (12) _____ ihr am Abend gemacht?

○ Wir (13) _____ ins Kino gegangen und (14) _____ „Tage in Rom" gesehen. Der Film war super! Und dann (15) _____ wir noch einen Cocktail getrunken. Ich (16) _____ sehr spät ins Bett gegangen.

5 율리안은 대학생입니다. 그의 월요일 이야기를 읽고, 현재 완료를 사용하여 이야기를 다시 써 보세요.

Am Montag schlafe ich lange. Dann frühstücke ich. Ich trinke Kaffee und esse Toast. Am Vormittag lese ich die Zeitung. Dann lerne ich ein bisschen. Am Nachmittag gehe ich in die Uni. Dann mache ich Sport. Am Abend höre ich Musik und gehe ins Bett.

Am Montag habe ich lange geschlafen.

_____

_____

_____

6 '~해 본 적이 있니?'라는 경험의 표현을 넣어 짧은 질문 세 문장을 만들어 보세요.

Hast du schon einmal Sushi gegessen?

_____

_____

▶ gestern 어제 | frühstücken 아침 식사 하다 | Gemüse *n.* 채소 | Bett *n.* 침대

11 Ihr könnt unsere Parkplätze benutzen. 너희들은 우리의 주차장을 사용할 수 있어.

화법 조동사 können

A 퍼스트 피트니스 센터에서 무료로 이용할 수 있는 것은 무엇입니까? 아래 글을 읽고 관련된 사진과 연결해 보세요.

www.fitnessfirst.netz/info

Bei Fitness First geht alles. Und das ist auch noch gratis:

1 _B_ Ihr könnt unsere Parkplätze benutzen.   3 .... Ihr könnt Fitness-Drinks und Wasser trinken.
2 .... Ihr könnt ein Probetraining machen.

 A

 B

 C

B A를 다시 읽고 아래의 빈칸을 채워 보세요.

	können		2		문장 맨 뒤	
ich	kann	Ich	kann	schnell	laufen.	나는 빨리 달릴 수 있다.
du	kannst	Du	kannst	in die Schule	gehen.	너는 학교로 갈 수 있다.
er / es / sie	kann	Er/Sie	kann	morgen	kommen.	그는/그녀는 내일 올 수 있다.
wir	können	Wir	können	Gitarre	spielen.	우리는 기타를 칠 수 있다.
ihr	_____	Ihr	könnt	Wasser	trinken.	너희들은 물을 마실 수 있다.
sie / Sie	können	Können	sie	die Parkplätze	benutzen?	그들이 주차장을 사용할 수 있습니까?

C *können*(~할 수 있다)에 대해 알아봅시다.

- *können*은 화법 조동사로, 주어 다음에 쓰입니다. 이때 본동사는 원형으로 쓰고 문장 맨 뒤에 위치합니다.
- ö→a: *ich*, *du*, *er/es/sie* 인칭에서의 모음 변형에 주의합니다.
- *können*은 두 가지 의미를 갖고 있습니다.
  가능 → Ihr könnt Wasser trinken. 너희들은 물을 마실 수 있다.
  능력 → Ich kann Gitarre spielen. 나는 기타를 칠 수 있다.

1 문장에서 가능과 능력의 의미 중 무엇을 의미하는지 올바른 것에 ✔ 표시하세요.

	가능	능력
1 Kann er denn gut backen? – Ja, das kann er wirklich toll.	○	✔
2 Können Sie morgen kommen? – Nein, tut mir leid.	○	○
3 Wie ist sein Deutsch? – Wirklich super! Er kann sehr gut sprechen.	○	○

▶ Probe *f.* 연습, 리허설 | schnell 빠른 | Schule *f.* 학교 | benutzen 이용하다 | backen 오븐에 굽다

2 모음 a 나 ö 중 알맞은 형태를 빈칸에 넣으세요.

1 er k<u>a</u>nn   **2** wir k____nnen   **3** du k____nnst   **4** ihr k____nnt

3 kann과 kannst 중 올바른 형태에 밑줄을 쳐 보세요.

◆ Unser Fitness-Studio ist cool!
○ Ach, wirklich?
◆ Ja, du (1) kann / _kannst_ bis 24 Uhr trainieren.
○ Und Kurse?
◆ Haben wir auch. Ich (2) kann / kannst auch Yoga machen. Das ist mein Lieblingssport.
○ Gibt es denn Parkplätze?
◆ Ja, du (3) kann / kannst die Parkplätze gratis benutzen.
○ Und die Trainer?
◆ Mein Trainer heißt Mark. Er ist süß. Und er (4) kann / kannst richtig gut erklären.

4 3번을 다시 읽고 kann이 들어가는 문장을 찾아 써 보세요.

	2		문장 맨 뒤
_Du_	_kannst_	_bis 24 Uhr_	_trainieren._

5 können과 könnt 중 올바른 형태를 고르세요.

Können ——————— Sie morgen noch einmal kommen?
Könnt   ihr denn zum Yogakurs kommen?
                  wir mal zusammen trainieren?
                  ihr bitte den rechten Arm heben?

6 kann과 können으로 아래의 빈칸을 채워 보세요.

1 _Kann_ Nina auch montags trainieren? – Nein, montags hat sie Deutschkurs.
2 Und wie ist der neue Trainer? – Cool! Und er _____ super erklären.
3 Mann, ist das warm hier! _____ wir jetzt etwas trinken? – Ja, sicher.
4 _____ wir mal einen Kurs zusammen machen? – Ja, gerne.
5 _____ er denn auch Fußball spielen? – Nein, kann er nicht. Aber sie _____ sehr gut spielen.

7 '나'는 무엇을 잘하고 무엇을 못하나요? 아래의 단어를 사용하여 자신에 대해 소개하는 문장을 만들어 보세요.

sehr gut   _Ich kann sehr gut kochen._
gut   _____
(gar) nicht   _____

➤ süß 달콤한 | erklären 설명하다 | recht 오른쪽의 | Montags 월요일에 | neu 새로운 | warm 따뜻한 | sicher 분명한 | Fußball m. 축구

12 Muss ich mehr arbeiten? 나는 일을 더 해야만 하나?

화법 조동사 müssen

A 다음 시를 읽고 조동사 *musst*와
동사 원형에 밑줄을 쳐 보세요.

Muss ich ...?

Du <u>musst</u> viel Geld <u>verdienen</u>!
  Muss ich?
Du musst mehr arbeiten!
  Muss ich?
Du musst die E-Mails checken.
  Muss ich?
Du musst ...

B A를 다시 읽고 빈칸을 채워 보세요.

	müssen		2			문장 맨 뒤	
ich	_____	Du	musst		viel Geld	verdienen.	너는 돈을 많이 벌어야 한다.
du	_____	Er	muss		noch	telefonieren.	그는 전화통화를 해야 한다.
er / es / sie	muss	Wir	müssen		den Film	sehen.	우리는 영화를 보아야 한다.
wir	müssen	Morgen	müsst	ihr		arbeiten.	너희들은 내일 일 해야 한다.
ihr	müsst		Musst	du	nicht bald	gehen?	너는 즉시 가지 않아도 되니?
sie / Sie	müssen						

C *müssen*(~해야만 한다)에 대해 알아봅시다.

- *müssen*은 화법 조동사로, 문장에서 두 번째 자리에 위치합니다. 동사의 원형은 항상 문장의 맨 뒤에 위치합니다.
- ü→u: *ich*, *du*, *er/es/sie* 인칭에서는 모음 변형이 일어나니 주의해야 합니다.
- *müssen*은 반드시 무언가를 해야만 한다는 의무를 나타낼 때 사용됩니다.

1 빈칸에 *ü* 나 *u* 중 알맞은 형태를 넣으세요.

1 Ich m *u* ss jetzt leider gehen. – Okay, bis bald.
2 Wann m___ss dein Sohn zu Hause sein? – Um acht.
3 Wir m___ssen die Schlüssel abgeben. – Ja, stimmt! Und wo?
4 Und was mache ich jetzt? – Du m___sst das hier anklicken.

2 주말이 다가오는데 해야 할 일들이 많습니다. *muss*나 *musst*를 넣으세요.

1 Ich *muss* zum Frühstück Brötchen kaufen.
2 Du _____ Eier und Kaffee für unsere Gäste machen.
3 Ich _____ Tim zum Fußball-Training bringen.
4 Du _____ im Supermarkt für das Abendessen einkaufen.

▶ verdienen 돈을 벌다 | **Sohn** *m.* 아들 | **Schlüssel** *m.* 열쇠 | abgeben 내주다 | jetzt 지금 | anklicken (마우스를) 누르다, 클릭하다 | **Brötchen** 빵 | **Gast** *m.* (*pl.* Gäste) 손님 | bringen 가져오다 | **Abendessen** *n.* 저녁 식사

3 *du, Sie, ihr*의 알맞은 용법을 찾아서 서로 연결해 보세요.

du musst ——————— you address somebody formally
Sie müssen ——————— you address somebody informally
ihr müsst you address a group of people informally

4 사무실에서 나올 수 있는 질문들입니다. *müssen*의 올바른 형태와 문장의 나머지 부분을 연결해 보세요.

Musst ——————— Sie noch auf einen Kunden warten?
Müssen ——————— du noch eine E-Mail schreiben?
Müsst ihr auch zum Chef gehen?
Sie heute auch noch telefonieren?
ihr jetzt nicht ins Meeting?

5 다음 단어들을 사용하여 올바른 문장을 만들고 아래 표에 써 보세요.

1 muss / David / lernen. / noch Vokabeln
2 Emilie / kaufen. / Getränke für die Party / muss
3 in die Stadt / muss / gehen. / Sie
4 gehen. / muss / Er / jetzt

	2		문장 맨 뒤
David	*muss*	*noch Vokabeln*	*lernen.*

6 문맥에 맞게 *können*이나 *müssen*을 올바른 형태로 넣어 주세요.

◆ Oje, ich (1) _kann_ die Übung nicht machen.
○ Warum nicht? Die Übung ist doch ganz leicht.

◆ Ich (2) _____ nicht! Mein Kopf tut weh und ich bin müde.
○ Du (3) _____ aber lernen! Die Prüfung ist in zwei Tagen.

◻ So, wir (4) _____ jetzt gehen.
● Ach, (5) kssnnt ihr nicht noch ein bisschen bleiben?
◻ Nein, tut mir leid.
● Warum? Hast du bald eine Prüfung?
◻ Ja, morgen. Und da (6) _____ ich fit sein.

7 'Muss ich...?'라는 제목의 시에 어울리는 문장을 만들어 보세요.

Du musst _____

_____

→ Kunde *m.* 손님 | warten 기다리다 | Übung *f.* 연습 | leicht 쉬운 | Kopf *m.* 머리 | Tag *m.* 날, 일 | ein bisschen 약간 | fit 컨디션이 좋은

13 Was willst du werden? 너는 무엇이 되고 싶니?

화법 조동사 wollen / möchten

A 사진에 있는 사람들이 희망하는 직업이 무엇인지 알맞은 내용의 글을 찾아 번호를 넣으세요.

Nur eine Frage – Was willst du werden?

1 .... Computer sind mein Ding.
   Ich will IT-Ingenieurin werden.
2 .... Ich liebe Sport. Ich möchte
   Fitnesstrainerin werden.

B A를 다시 읽고 아래의 빈칸을 채워 보세요.

	wollen	möchten
ich		
du	willst	möchtest
er / es / sie	will	möchte
wir	wollen	möchten
ihr	wollt	möchtet
sie / Sie	wollen	möchten

	2			문장 맨 뒤	
Ich	will		IT-Ingenieur	werden.	나는 IT 엔지니어가 될 거야
Sie	möchte		den Film	sehen.	그녀는 영화를 보고 싶어 한
Wollen		wir	eine Party	machen?	우리 파티할까?

C wollen(~하려고 한다)과 möchten(~하고 싶다)에 대해 알아봅시다.

- wollen과 möchten은 문장에서 두 번째 자리에 옵니다. 함께 쓰이는 동사는 원형을 쓰고, 항상 문장의 맨 뒤에 위치합니다.
- o→i: ich, du, er/es/sie 인칭에서는 모음 변형이 일어나니 주의합니다.
- wollen은 강한 희망을 표현하고, möchten은 부드럽고 정중한 희망을 표현합니다.
- wollen은 무엇인가를 제안하는 질문에서도 사용됩니다.

1 wollen과 möchten의 변화 형태를 찾아 동그라미 하고 아래의 표를 완성하세요.

	möchten	wollen
ich	*möchte*	*will*
du		
er / es / sie		
wir		
ihr		
sie / Sie		

S	W	Q	Z	M	W	Y	Z	C	V
C	I	W	M	Ö	C	H	T	E	B
Y	L	M	Ö	C	H	T	E	N	Y
X	L	R	N	H	R	M	M	W	E
Q	A	T	T	R	M	Ö	O	M
W	R	U	P	E	I	Ö	C	L	W
W	O	L	L	T	R	C	H	L	O
I	O	P	A	C	V	H	T	E	L
A	S	M	Ö	C	H	T	E	N	L
W	I	L	L	J	K	E	T	Y	E
A	S	Q	W	R	T	S	O	U	N
M	W	I	L	L	S	T	P	I	Z

▶ **werden** ~이 되다 | **Ding** *n.* 물건

2 독일어 수업에서 자주 사용되는 문장들입니다. 빈칸에 *i*나 *o* 중 올바른 형태를 넣으세요.

1 Ich w_i_ll den Text verstehen.
2 Sie w___ll die Übung nicht machen.
3 W___llst du Pause machen?

4 Wir w___llen ein Diktat schreiben.
5 W___llt ihr die Grammatik wiederholen?
6 Er w___ll den Satz lesen.

3 파티에 대해 묻는 질문입니다. 아래의 문장들을 서로 연결하세요.

1 Wollen
2 Willst
3 Wollt
4 Will
5 Wollen

a ihr denn alle Freunde einladen?
b Tina und Tobias auch kommen?
c du nicht die Getränke kaufen?
d wir am Wochenende eine Party machen?
e Tim vielleicht den Grill mitbringen?

4 *möchten*의 올바른 변화 형태를 넣어 대화를 완성해 보세요.

möchte möchtet ~~möchtest~~ möchten möchten

1 Paul, was (1) _möchtest_ du denn studieren? – Psychologie. Ich (2) _____ gerne mit Menschen arbeiten.
2 (3) _____ Sie auch einen Kurs für MS Office machen, Frau Decker? – Ja, mein Mann und ich. Wir (4) _____ den Kurs beide machen.
3 Hallo, Tobias, hallo, Avia. (5) _____ ihr den Kurs machen? – Ja, ist denn noch was frei?

5 *möchten*의 올바른 변화 형태를 넣어 빈칸을 채워 보세요.

1 Hast du keinen Hunger? – Nein, danke. Ich _möchte_ nichts essen.
2 _____ du ins Kino gehen? – Ich habe leider keine Zeit.
3 Was kann ich für Sie tun? – Ich _____ gerne eine Flasche Wein.
4 Kommt ihr zum Kurs? – Ja, wir _____ Deutsch lernen.

6 *wollen*과 *möchten*을 올바르게 변형하여 문장을 완성해 보세요.

1 möchten / Er / werden. / Fitnesstrainer   *Er möchte Fitnesstrainer werden.*
2 Sie / Psychologie / studieren. / möchten   _____
3 einen Beruf / Ich / wollen / lernen.   _____
4 Wir / einen Englischkurs / wollen / machen.   _____

7 여러분이 미래에 계획하고 있는 것은 무엇입니까? *wollen*과 *möchten*을 사용하여 문장을 만들어 보세요.

Ich will ein Computerprogramm schreiben.

➡ Diktat *n.* 받아쓰기 | Grammatik *f.* 문법 | wiederholen 반복하다 | Satz *m.* 문장 | Getränk *n.* 음료수 | vielleicht 아마도 | mitbringen 가지고 가다 | Psychologie *f.* 심리학 | Mann *m.* 남편, 남자 | beide 둘 다의 | frei 자유로운 | Hunger *m.* 배고픔 | Zeit *f.* 시간 | Flasche *f.* 병

14 Wir dürfen viel sprechen. 우리는 많이 이야기를 해도 됩니다.

화법 조동사 dürfen

A 수업 시간에 지켜야 할 규칙들입니다. 허용된 것(✓), 허용되지 않은 것(X)에 표시해 보세요.

---

www.deutschkurs.de/blog

Unser Deutschkurs – Was geht? Was geht nicht?

Wir dürfen viel sprechen. ✓　　Wir dürfen nicht schlafen. ....

Wir dürfen lesen. ....　　　Wir dürfen nicht telefonieren. ....

Wir dürfen Fehler machen. ....　　Wir dürfen keine Musik hören. ....

Wir dürfen Smartphones benutzen. ....

B A를 다시 읽고 아래의 표를 완성하세요.

dürfen		2			문장 맨 뒤	
ich	darf	Er	darf	auch gerne	telefonieren.	그는 당연히 전화 통화해도 된다.
du	darfst	Wir	dürfen	hier nicht	rauchen.	우리는 여기서 담배 피우면 안 된다.
er / es / sie	darf	Darf	ich	dich	einladen?	내가 너를 초대해도 돼?
wir	....					
ihr	dürft					
sie / Sie	dürfen					

C dürfen(~해도 된다)에 대해 알아봅시다.

- dürfen은 화법 조동사로, 문장에서 두 번째 자리에 위치합니다. 함께 쓰이는 동사는 원형을 쓰고, 항상 문장 끝에 씁니다.
- ü→a: ich, du, er/es/sie 인칭에서 모음 변형이 일어나니 주의합니다.
- (nicht) dürfen은 허락이나 금지를 나타내는 표현입니다.
- dürfen은 정중한 의문문에서도 사용됩니다. Darf ich Sie etwas fragen? 제가 당신에게 질문해도 될까요?

1 오른쪽 표를 완성하고 모음과 어미에 동그라미 하세요.

2 금지의 표현입니다. a나 ü를 아래의 빈칸에 넣으세요.

1 Wir dürfen hier nicht spielen.
2 Ich d....rf hier nicht rauchen.
3 Ihr d....rft hier nicht Fußball spielen.
4 Sie d....rf hier nicht telefonieren.
5 Sie d....rfen hier nicht parken.

	dürfen
ich	....
du	d(arf)st
er / es / sie	....
wir	....
ihr	....
sie / Sie	....

▶ Fehler m. 실수 | rauchen 흡연하다 | parken 주차하다

3 *dürfen*의 올바른 형태를 사용하여 빈칸을 채우세요. 그리고 각각의 문장의 알맞은 용법을 찾아 연결하세요.

1 Es geht ihm schon besser. Du *darfst* ihn besuchen.
2 _____ wir Sie zu einem Kaffee einladen?
3 Es _____ nicht mehr als 15 Euro kosten.
4 Achtung! Das _____ Sie nicht tun!
5 Hier im Kurs _____ man nicht essen.
6 _____ ich Sie um etwas bitten?
7 Ihr _____ hier nicht rauchen.
8 Was _____ es denn sein?

정중한 의문문
허락
금지

4 우리 집의 규칙을 아래의 사람들에게 적용해 문장을 완성하세요.

1 Tina und ich: Wir *dürfen* nicht jedes Wochenende grillen.
2 Carla und du: Ihr _____ nicht vor dem Haus parken.
3 Herr Müller: Er _____ nicht laut Musik hören.
4 Du: Du _____ nicht im Wohnzimmer tanzen.
5 Herr und Frau Decker: Sie _____ keine Tiere haben.
6 Ich: Ich _____ nicht im Garten Ball spielen.

5 왼쪽의 카드들을 사용하여 문장을 만들어 보세요.

FEN DIE WÖR	WIR DÜR	TERBÜCHER BE	NUTZEN.
SCHREIBEN.	BEITSBUCH	INS AR	DU DARFST
BEN JULIA	SITZEN.	DARF NE	PAOLA
TAGS	ICH DARF MON	SPÄ	TER KOMMEN.

WIR DÜRFEN DIE WÖRTERBÜCHER BENUTZEN.

_____

_____

_____

6 오른쪽 대화를 읽고 *dürfen* 또는 *wollen*을 올바른 형태로 빈칸에 넣어 보세요.

20:14 Ich *darf* nicht telefonieren. Bin gerade im Deutschkurs. ✓

20:15 Schon klar! _____ wir uns später treffen?

20:17 Warum? Was _____ du? ✓✓

20:18 Einfach so!

20:20 OK. Um 9 beim Italiener?

7 여러분 직장의 규칙과 규정에 대해 생각해 보고 아래와 같이 세 문장을 만들어 보세요.

Wir dürfen nicht rauchen.

_____

kosten 값이 ~이다 | **Achtung** *f.* 주의 | **tun** ~하다 | **bitten** 요청하다 | **grillen** 석쇠로 굽다 | **Wohnzimmer** *n.* 거실 | **Tier** *n.* 동물 | **Italiener** *m.* 이탈리아인 | **warum** 왜 | **einfach** 단순한, 간단한

15 Was soll ich denn tun? 나는 어떻게 해야 하나요?

화법 조동사 sollen

문법 이해하기

A 조가 아파서 어떻게 해야 나을 수 있는지 어머니에게 묻고 있습니다. 그리고 여자 친구 리사에게 들은 것을 말해 줍니다. 아래의 대화를 읽고 *soll*에 밑줄을 쳐 보세요.

> Mama, ich habe Husten, Schnupfen und Fieber. Was soll ich denn tun? 16:15 ✓✓

> Trink Tee, iss eine Suppe und bleib im Bett! Schlafen ist wichtig! 16:18

> Lisa: Und? Was schreibt Sie?

> Jo: Ich soll Tee trinken. Ich soll Suppe essen und ich soll im Bett bleiben.

B A를 다시 읽고 표를 완성하세요.

	sollen
ich	....
du	sollst
er / es / sie	soll
wir	sollen
ihr	sollt
sie / Sie	sollen

	2			문장 맨 뒤	
Ich	soll		viel Tee	....	나는 차를 많이 .... 한다.
Heute	sollst	du	eine Suppe	....	오늘 너는 스프를 .... 한다.
Er	soll		im Bett	bleiben.	그는 침대에 있어야 한다.
	Soll	sie	nicht schon	schlafen?	그녀는 벌써 자면 안 되나요?

C sollen(~해야 한다)에 대해 알아봅시다.

- *sollen*은 화법 조동사로, 문장에서 두 번째 자리에 위치합니다. 함께 쓰이는 본동사는 원형을 쓰고, 항상 문장 맨 뒤에 위치합니다.
- *sollen*은 누군가가 내게 말한 것을 다시 다른 사람에게 이야기할 때 사용합니다.
- 무언가를 해야 한다고 표현할 때 사용합니다. *du sollst* 너는 ~을/를 했어야 한다.
- 조언이나 충고를 할 때 사용합니다. *du sollst* 너는 ~을/를 해야 한다.
- 의문문에서는 무언가를 제안할 때 씁니다.

연 습 하 기

1 오른쪽 표를 완성하고 모음과 어미에 동그라미 하세요.

2 *sollen*의 올바른 형태를 사용하여 빈칸을 채워 보세요.

1 Wir _sollen_ die Übung 5 im Arbeitsbuch machen.
2 Er .... den Text lesen.
3 Ich .... pünktlich zum Kurs kommen.
4 .... ihr auch die Vokabeln lernen?
5 Du .... doch im Kurs nicht telefonieren!

	sollen
ich	....
du	soll(s)t
er / es / sie	....
wir	....
ihr	....
sie / Sie	....

▶ Husten *m.* 목감기 | Schnupfen *m.* 코감기 | Fieber *n.* 열 | Tee *m.* 차 | Suppe *f.* 수프 | bleiben 머무르다 | wichtig 중요한 | Buch *n.* 책 | pünktlich 정시의, 정확한

3 매니저 일을 하는 마크는 늘 외출 중이어서 거의 집에 있지 않습니다. 그가 카렌에게 보낸 메시지를 읽고, 그녀가 그들의 친구들에게 전하는 내용을 아래 빈칸에 써 보세요.

Hallo Karen,
ich komme am Wochenende. Holt bitte den Grill aus der Garage und kauft Steaks und Bier. Macht bitte auch einen Salat und ruft Sara und Tim an.
Bis bald, Mark

◆ Und was schreibt Mark?
◉ *Er kommt am Wochenende. Wir sollen den Grill*

4 의사의 처방 내용입니다. *sollen* 동사를 사용하여 문장을 완성하세요.

1 Schlafen Sie viel!   Der Arzt hat gesagt, *ich soll viel schlafen.*
2 Trinken Sie viel Tee!   Der Arzt hat gesagt,
3 Nehmen Sie die Tabletten!   Der Arzt hat gesagt,
4 Bleiben Sie im Bett!   Der Arzt hat gesagt,

5 제안하는 질문을 만들어 보세요.

1 ich / Soll / aufstehen?   *Soll ich aufstehen?* – Ja, bitte.
2 wir / Sollen / die Tabletten / bestellen?   – Ja, gerne.
3 ich / Ihnen helfen? / Soll   – Nein, danke.
4 ich etwas / Soll / mitbringen?   – Ja, bring bitte Tee mit.
5 kommen? / Soll / ich / heute   – Ja, der Arzt möchte Sie sehen.
6 mehr Sport machen? / Sollt / ihr   – Ja, das hat der Arzt gesagt.

6 *sollen* 동사의 올바른 형태를 사용하여 빈칸을 채워 보세요.

1 Du *sollst* im Bett bleiben. – Aber ich muss doch ins Büro.
2 Wir _____ viel Obst essen. Das sagt der Arzt. – Stimmt! Obst ist sehr gesund.
3 Ich gehe jetzt in die Apotheke. _____ ich etwas mitbringen? – Ja, Aspirin, bitte.
4 Der Trainer sagt, ihr _____ viel Wasser trinken. – Okay. Das machen wir.
5 Jan _____ morgen bitte zum Training kommen. – Okay, ich rufe ihn an.
6 Laura und Maria wollen auf den Markt. _____ sie Tomaten mitbringen? – Ja, bitte.

7 선생님들은 충고하는 것을 좋아합니다. 여러분의 독일어 선생님이 여러분에게 어떤 충고의 말을 할지 생각해 보고, *sollen*을 사용하여 충고하는 문장을 네 문장 만들어 보세요.

Er / Sie hat gesagt, ...
wir sollen viel lesen.

▶ **Garage** *f.* 차고 | **Salat** *m.* 샐러드 | **Arzt** *m.* 의사 | **Tablette** *f.* 약 | **bestellen** 주문하다 | **sehen** 보다 | **Büro** *n.* 사무실 | **Obst** *n.* 과일 | **Apotheke** *f.* 약국

16 Der Film 영화

명사의 성: 남성, 중성, 여성

A 아래의 그림을 보고 빈칸에 알맞은 관사를 넣어 보세요.

● *der* Film   ● .... Haus   ● .... Limo

B A를 다시 읽고 아래의 표를 완성하세요.

● 남성	der Bus	.... Film	der Tee
● 중성	das Auto	.... Haus	das Motorrad
● 여성	die Jacke	.... Limo	die Straße
● 복수	die Autos	die Filme	die Straßen

C 관사에 대해 알아봅시다.

● 명사의 성에 따라 앞에 쓰이는 관사가 결정됩니다.

● 관사는 남성형은 ●*der*, 중성형은 ●*das*, 여성형은 ●*die*, 복수형은 항상 ●*die*입니다.

● *der*, *die*, *das*를 구분하는 규칙이 있기는 하지만, 처음에는 관사와 함께 각각의 명사를 기억하는 것이 좋습니다.

1 교통수단 명칭입니다. 각각의 명사와 관사를 연결하세요.

▶ Motorrad *n.* 오토바이 | Jacke *f.* 재킷 | Straße *f.* 길, 도로 | U-Bahn *f.* 지하철 | Wagen *m.* 자동차 | Straßenbahn *f.* 시내 전차 | Flugzeug *n.* 비행기

2 아래의 여러 가지 물건을 종류별로 구분하여 적어 보세요.

● ~~Auto~~ ● Lampe ● Jeans ● Bluse ● Sofa ● Tisch ● Fahrrad ● Uhr ● Stuhl

●	●	●
	das Auto	

3 아래 글에 숨겨져 있는 열 개의 단어를 찾아 적어 보세요.

kaffee|computerbildtaxipizzajackehandymotorradmarmeladehotel

Kaffee

4 3번의 단어들을 성에 따라 구분하고, 알맞은 관사를 사전에서 찾아보세요.

der Kaffee

das Bild

die Pizza

5 아래 글을 읽고 관사에 밑줄을 쳐 보세요.

1 Entschuldigen Sie, wo ist denn das Zentrum? – Gehen Sie einfach geradeaus.
2 Wow, das Auto ist ja cool! – Ja, aber sehr teuer!
3 Wie ist denn der Deutschkurs? – Gut!
4 Hey, die Jacke ist toll! – Danke.

6 *der*, *das*, *die*로 아래의 빈칸을 채워 보세요.

1 Entschuldigung, wann kommt _der_ Bus? – In fünf Minuten.
2 Und was kostet _____ Bild? – Vierhundert Euro.
3 Wie schmeckt denn _____ Kaffee? – Sehr gut, danke.
4 Sag mal, wie findest du _____ Jacke? – Toll!

7 여러분이 좋아하는 10가지는 무엇인가요? 사전을 참조해서 아래와 같이 관사와 함께 적어 보세요.

das Wochenende,

▶ Lampe *f.* 전등 | Bluse *f.* 블라우스 | Sofa *n.* 소파 | Tisch *m.* 테이블 | Uhr *f.* 시계 | Stuhl *m.* 의자 | Bild *n.* 그림 | Zentrum *n.* 중심지 | geradeaus 직진으로 | teuer 비싼 | schmecken 맛있다 | finden ～게 생각하다

17 Äpfel und Birnen 사과와 배
단수와 복수

A 아래 대화에서 명사의 복수형에 밑줄을 쳐 보세요.

> Entschuldigung, haben Sie auch Obst?

> Ja, hier! <u>Äpfel</u>, Birnen, Orangen …

B A를 다시 읽고 아래의 빈칸을 채워 보세요.

	단수	복수		단수	복수
-n	● Birne	● _____	¨	● Apfel	● _____
-en	● Frau	● Frauen	¨e	● Sohn	● Söhne
-e	● Tisch	● Tische	¨er	● Buch	● Bücher
-er	● Ei	● Eier	-s	● Café	● Cafés
-	● Brötchen	● Brötchen	-nen	● Kollegin	● Kolleginnen

C 명사의 복수 형태에 대해 알아봅시다.

- 어미는 종종 명사에 따라 변화합니다. *Tisch – Tische, Ei – Eier*
- 가끔 변모음 (*ä, ö, ü*)이 사용되기도 합니다. *Apfel – Äpfel, Buch – Bücher, Sohn – Söhne*
- *der, das, die*의 복수 관사는 *die*입니다.
- 복수형을 만드는 규칙이 있기는 하지만, 명사의 단수와 복수 형태를 함께 공부하는 것이 좋습니다.

1 도시와 관련된 단어에 밑줄을 치고, 복수형을 찾아서 아래에 적어 보세요.

● <u>Bank</u> ● Straße ● Stift ● Ampel ● Café ● U-Bahn ● Auto ● Tomate

-n	-en	-s
	die Bank – die Banken,	

2 다음의 단어들을 사전에서 찾아보고 어미 *e*나 *er*를 넣어 보세요.

1 ● Bild *er*   **2** ● Kind_____   **3** ● Lied_____   **4** ● Arm_____   **5** ● Schild_____   **6** ● Bein_____   **7** ● Film_____

3 아래 명사의 복수형을 쓰세요.

1 Brötchen ● *die Brötchen*   **2** Kuchen ● _____   **3** Hähnchen ● _____

▶ Apfel *m.* 사과 | Birne *f.* 배 | Orange *f.* 오렌지 | Frau *f.* 여자, 부인 | Ei *n.* 달걀 | Kollegin *f.* 여자 동료 | Bank *f.* 은행 | Stift *m.* 연필 | Ampel *f.* 신호등 | Schild *n.* 간판, 표지판 | Bein *n.* 다리 | Kuchen *m.* 케이크 | Hähnchen *n.* 닭고기

4 ä나 ü 중 알맞은 모음을 넣어 아래의 빈칸을 채우세요.

1 • F _ü_ ße   **2** • B__ume   **3** • Gr__ße   **4** • Fahrr__der   **5** • M__tter   **6** • Gl__ser   **7** • Z__ge

5 교실과 음식에 관련된 단어들을 구분하고, 각 단어의 단수형과 복수형을 적어 보세요.

• Heft • Brötchen • Stifte • ~~Betten~~ • Bücher • Kind • Pausen • Ei • Stühle • Eier
• Arzt • Pause • Ärzte • Kinder • Buch • Stuhl • ~~Bett~~ • Stift • Brötchen • Hefte

단수	복수
das Bett,	_die Betten,_

6 수업에 필요한 것에 대해 이야기하고 있습니다. 아래의 빈칸을 채워 보세요.

1 Brauchen wir ein Heft? – Nein, _Hefte_ brauchen wir nicht.
2 Ist noch ein Stuhl da? – Ja, da sind doch _____.
3 Hast du einen Stift? – Nein, _____ habe ich nicht.
4 Ein Buch habe ich nicht. – _____ brauchen wir heute auch nicht.

7 수업에서 필요한 것은 무엇인가요? 6번에 나오는 명사와 그 밖에 다른 명사들을 사용하여 아래와 같이 문장을 만들어 보세요.

Wir brauchen Hefte,

8 올바른 형태에 밑줄을 쳐 보세요.

1 Was essen wir? – Was möchtest du denn? Wir haben _Ei / Eier_ und _Kartoffel / Kartoffeln_.
2 Wo sind denn die _Tomate / Tomaten_? – Im Kühlschrank.
3 Haben wir noch Obst? – Ja, wir haben _Apfel / Äpfel_, _Banane / Bananen_ und _Birne / Birnen_.
4 Wie schmecken die _Orange / Orangen_? – Die schmecken toll!

9 빈칸에 주어진 명사의 단수형을 넣어 보세요.

• Brötchen • Birne • Glas
• Gast • Tomate • ~~Ei~~
• Geschäft • Blume

Eier _das Ei_   Tomaten _____
Gäste _____   Geschäfte _____   Gläser _____
Birnen _____
Blumen _____   Brötchen _____

10 당신이 좋아하는 음식을 사용하여 단수와 복수 형태를 적어 보세요.

Orangen – die Orange

➡ Fuß _m._ 발 | Heft _n._ 공책 | brauchen ~을/를 필요로 하다 | Kartoffel _f._ 감자 | Geschäft _n._ 일, 상점 | Blume _f._ 꽃

18 Die Küche kostet nicht viel. 이 부엌은 많은 비용이 들지 않아요.
명사의 1격

A 오른쪽 메시지를 읽고 *die* 또는 *eine*에 밑줄을 쳐 보세요.

Die Küche ist von XL-Möbel! Eine Küche von XL-Möbel kostet nicht viel.

Stimmt! Und die Küchen von XL-Möbel sind cool! ☺

B A를 다시 읽고 관사를 넣어 표를 완성하세요.

1격				
		정관사		부정관사
● 남성	der	Tisch	ein	Tisch
● 중성	das	Haus	ein	Haus
● 여성	....	Küche	eine	Küche
● 복수	....	Küchen	---	Küchen

주어 (누구/무엇?)	2 동사	
Die Küche	ist	cool.
Eine Küche von XL-Möbel	ist	billig.
Mein Vater	ist	nett.

C 명사의 1격에 대해 알아봅시다.

● 주어로 쓰이는 명사는 1격으로 사용되며, 사람이나 사물을 나타냅니다.

● *ein-*은 복수 형태가 없습니다.

● *ein-*, *mein-*, *kein-*의 단수형은 어미 변화가 같습니다.

1 1격 관사를 넣어 표를 완성하세요.

●	*der* Tisch	.... Tisch	.... Tisch	.... Tisch
●	.... Sofa	*ein* Sofa	.... Sofa	*kein* Sofa
●	.... Lampe	.... Lampe	*meine* Lampe	.... Lampe

2 다음 명사들을 성에 따라 구분하고, 알맞은 관사와 함께 적어 보세요.

● ~~Bäckerei~~ ● Restaurant ● Gemüseladen ● Kirche ● Geschäft ● Spielplatz ● Metzgerei
● Schule ● Café ● Straße ● Kindergarten ● Supermarkt ● Haus

●
●
● *die Bäckerei*

▶ Küche *f.* 부엌 | Möbel *n.* 가구 | billig 싼 | Bäckerei *f.* 빵집 | Restaurant *n.* 식당 | Gemüse *n.* 채소 | Laden *m.* 가게 | Kirche *f.* 교회 | Spielplatz *m.* 놀이터 | Metzgerei *f.* 정육점 | Kindergarten *m.* 유치원

3 리아네과 마누엘은 구글 지도를 보면서 자신들의 동네에 대해 이야기를 나눕니다. 대화를 읽고 빈칸에 알맞은 정관사를 넣으세요.

◆ Und du wohnst in der Schmellerstraße?

◎ Ja, (1) *die* Schmellerstraße ist hier, nicht weit vom Zentrum. Da gibt es alles: Metzgerei, Bäckerei, Gemüseladen, Supermarkt. Eine Kirche, ein Kindergarten und ein Spielplatz sind auch da.

◆ Toll! Wo ist denn (2) _____ Bäckerei?

◎ Da, siehst du! Da ist (3) _____ Restaurant, da ist auch (4) _____ Metzgerei. Und da ist (5) _____ Bäckerei.

◆ Ah, ja. Und (6) _____ Gemüseladen ist gegenüber. Stimmt's?

◎ Ja, genau.

◆ Und (7) _____ Kirche? Wo ist die?

◎ Hier, am Ende der Straße. Da sind auch (8) _____ Schule und (9) _____ Kindergarten. Und (10) _____ Spielplatz ist gleich daneben.

◆ Und (11) _____ Supermarkt? Wo ist der?

◎ Sieh mal, der ist hier.

4 문맥에 맞게 빈칸에 부정관사를 넣어 보세요.

1 Was kostet denn *eine* ● Küche von XL-Möbel? – Naja, so viertausend Euro.

2 Gibt's hier auch Spielplätze? – Ja, _____ ● Spielplatz ist am Ende der Straße.

3 _____ ● Grill für die Küche ist viel zu teuer. – Findest du? Der hier kostet nur 240 Euro.

4 _____ ● Küchen gibt es viele. – Ja, aber ich möchte die von XL-Möbel.

5 해당하는 성을 찾아 연결하세요.

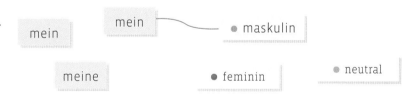

6 리사 심슨의 가족에 대한 글을 읽고, *mein*-의 올바른 형태에 밑줄을 쳐 보세요.

Ich bin acht und heiße Lisa. (1) *Mein / Meine* Schwester, Maggie, ist ein Jahr alt und (2) *mein / meine* Bruder, Bart, ist zehn. (3) *Mein / Meine* Vater heißt Homer und (4) *mein / meine* Mutter ist Marge. Ich bin in der zweiten Klasse und bin Vegetarierin. Ich bin sehr intelligent. (5) *Mein / Meine* Hobby ist Musik. Ich liebe Jazz und spiele Saxophon. (6) *Mein / Meine* Freund heißt Murphy. Er ist auch Jazzmusiker.

7 여러분에게 중요한 다섯 가지를 골라 아래와 같이 적어 보세요.

Wichtig ist für mich: *meine Familie,* _____

▶ **gegenüber** 맞은편에 | **genau** 정확한, 바로 딱 | **Ende** *n.* 마지막, 끝 | **daneben** 그 옆에 | **teuer** 비싼 | **klasse** *f.* 학년, 학급 | **Vegetarierin** *f.* 여성 채식주의자 | **intelligent** 지적인, 똑똑한

19 ich bestelle einen salat. 나는 샐러드를 주문해요.
명사의 4격

A 아래 대화를 읽고 관사에 밑줄을 쳐 보세요.

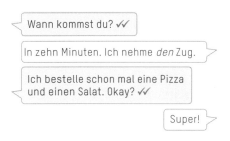

< Wann kommst du? ✓✓

In zehn Minuten. Ich nehme *den* Zug. >

< Ich bestelle schon mal eine Pizza
und einen Salat. Okay? ✓✓

Super! >

B a를 다시 읽고 아래의 빈칸을 채워 보세요.

4격		
	정관사	부정관사
● 남성	.... Zug	einen Zug
● 중성	das Bier	ein Bier
● 여성	die Pizza	.... Pizza
● 복수	die Tomaten	--- Tomaten

	2 동사	목적어 (누구를?/무엇을?)	
Ich	nehme	den Zug.	나는 기차를 탄다.
Wir	bestellen	eine Pizza.	우리는 피자를 주문한다.
Ich	liebe	meinen Vater.	나는 나의 아빠를 사랑한다.
Du	hast	kein Auto.	너는 자동차를 가지고 있지 않다.

C 명사의 4격에 대해 알아보고, 빈칸을 채워 보세요.

● 목적어 자리에 놓인 명사는 4격 형태를 취합니다. 이들은 종종 *nehmen*(취하다, 가지다), *lieben*(사랑하다), *haben*(~을/를 가지다) 등과 같은 동사들에 의해 격이 결정됩니다.

● 목적어 자리에 놓인 명사는 사람(*wen*?)이나 사물(*was*?)을 가리킵니다.

● 남성 명사의 경우 1격과 형태는 같고 관사만 다르게 쓰입니다.: *der*가 ....로, *ein*이 ....로 변화합니다.

● *ein-*, *mein-*, *kein-*의 단수형은 어미 변화가 같습니다.

1 4격에 해당하는 관사를 넣으세요.

●	.... Salat	.... Salat	*meinen* Salat	.... Salat
●	*das* Bier	*ein* Bier	.... Bier	.... Bier
●	.... Pizza	.... Pizza	.... Pizza	*keine* Pizza

2 4격 관사를 찾아서 가로세로 퍼즐을 풀어 보세요.

◆ Und was machst du am Wochenende?　　◆ Was feiert ihr denn?

○ Ich besuche meinen Vater in Köln.　　○ Wir feiern meinen Geburtstag.

◆ Meine Schwester hat ein Pferd.　　◆ Hast du deinen Schlüssel?

○ Wirklich?　　○ Ja, hier ist er.

M E I N E N

3 마누는 장을 보러 왔는데 사야 할 것들을 다 사지 못했습니다. 질문에 알맞은 답을 아래와 같이 만들어 보세요.

1 Wo ist denn der Wein? – *Oh, ich habe den Wein vergessen!*

2 Wo ist denn das Brot? – _____

3 Und wo sind die Tomaten? – _____

4 Wo ist denn die Butter? – _____

5 Und wo ist der Käse? – _____

6 Wo ist denn der Salat? – _____

4 식당에서 여러분의 친구가 원하는 게 무엇인지 물어보세요.

1 Möchtest du *einen Wein*?　(● Wein)　　**5** Isst du auch _____? (● Spaghetti)

2 Trinkst du auch _____? (● Bier)　　**6** Möchtest du _____? (● Suppe)

3 Möchtest du _____? (● Cola)　　**7** Nimmst du _____? (● Pommes frites)

4 Isst du _____? (● Salat)　　**8** Trinkst du _____? (● Kaffee)

5 크리스는 오늘 아무것도 먹고 싶지 않습니다. *kein*-을 사용하여 빈칸을 채워 보세요.

1 Möchtest du einen Tee? – Nein, danke, ich mag *keinen Tee* .

2 Nimmst du auch ein Ei? – Nein, danke, ich esse _____.

3 Isst du denn eine Suppe? – Nein, danke, ich möchte _____.

4 Möchtest du einen Burger? – Nein, danke, ich mag jetzt _____.

5 Nimmst du denn einen Salat? – Nein, danke, ich möchte auch _____.

6 독일어 수업 시간에 들을 수 있는 표현입니다. 4격 정관사를 사용하여 문장을 완성하세요.

1 Schreibt bitte *den Satz* !　　　　　　　　　(● Satz)

2 Samira, lies bitte _____!　　　　　　　(● Antwort)

3 Marco, wiederhole bitte _____!　　　　(● Wort)

4 Lernt bitte _____ bis Dienstag!　　　　(● Vokabeln)

5 Unterstreicht bitte _____!　　　　　　(● Artikel)

6 Hört bitte _____ noch einmal!　　　　　(● Dialog)

7 보통 수업에서 필요한 것은 무엇인가요? 부정관사를 사용하여 목록을 만들어 보세요.

einen Stift, _____

▶ Pferd *n.* 말 | vergessen 잊어버리다 | Wein *m.* 포도주 | Käse *m.* 치즈 | Spaghetti *pl.* 스파게티 | Pommes frites *pl.* 감자튀김 | Antwort *f.* 대답 | Wort *n.* 단어 | Dienstag *m.* 화요일 | unterstreichen 밑줄 치다 | einmal 한번 | Dialog *m.* 대화

20 Ich nehme den Computer. 나는 이 컴퓨터를 살게.

목적어를 취하는 동사: 4격

A 팀은 컴퓨터 가게에 있습니다. 그의 메시지를 읽고 동사에 밑줄을 쳐 보세요.

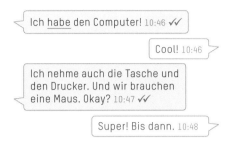

> Ich habe den Computer! 10:46 ✓✓

> Cool! 10:46

> Ich nehme auch die Tasche und den Drucker. Und wir brauchen eine Maus. Okay? 10:47 ✓✓

> Super! Bis dann. 10:48

B A를 다시 읽고 아래의 표를 완성하세요.

	2 동사	4격 목적어	
Ich	....	den Computer.	나는 컴퓨터를 ....
Ich	....	die Tasche.	나는 가방을 ....
Wir	....	eine Maus.	우리는 마우스를 ....
Er	möchte	den Drucker.	그는 프린터기를 원한다.
Wir	kaufen	einen USB-Stick.	우리는 USB를 산다.
Der Junge	sucht	kein Notebook.	그 청년을 노트북을 찾고 있지 않다.

C 4격 지배 동사에 관하여 알아보고 아래의 빈칸을 채워 보세요.

- 거의 모든 문장은 주어, 동사, 목적어로 이루어집니다. 동사는 .... 위치에 옵니다.

- *haben*(~을/를 가지다), *nehmen*(취하다), *holen*(가져오다), *möchten*(~을/를 하고 싶다) 같은 동사들은 목적어로 4격을 취합니다.

- 목적어는 정관사나 부정관사를 가진 명사이거나 대명사입니다. 어미 변화는 19과 참조하세요.

! 중요: 4격이 사용되었는지 알 수 있는 유일한 방법은 동사를 찾아보는 것입니다. *haben, nehmen, kaufen, suchen, möchten, brauchen* 등은 항상 4격을 취한다는 것을 기억하세요!

1 음절을 연결하여 4격 지배 동사를 찾아내고 아래에 적어 보세요.

ben len es ha su ho trin ~~sen~~ chen stel len ken

essen	....	....	+ 4격
....	....	....	

▶ Tasche *f.* 가방 | Drucker *m.* 프린터

2 밑줄 친 동사의 원형을 사용하여 가로세로 퍼즐을 풀어 보세요. 오렌지색 퍼즐 속의 철자를 활용하여 아래의 마법의 단어를 완성해 보세요.

☞ 3 Möchten Sie den braunen Mantel? – Nein, ich möchte den Mantel in Schwarz.

5 Brauchst du den Drucker noch? – Nein, danke.

6 Ich finde den Schlüssel nicht. – Hier ist er doch.

7 Nimmt sie den Aufzug? – Ja, sie hat eine Koffer.

☞ 1 Da ist er doch! – Also, ich sehe den Jungen nicht.

2 Ich liebe meinen Vater. – Ich auch.

4 Mietet oder kauft ihr? – Wir kaufen die Wohnung.

마법의 단어: A __ K __ __ __ V

3 부정관사를 올바르게 변형시켜 6개의 문장을 만들어 보세요.

ich		● Pullover
du	kaufen	● Jacke
er	nehmen	● Hose
sie	suchen	● Kleid
wir	haben	● Tasche
ihr	brauchen	● Mantel
sie		● Schuhe

Ich kaufe einen Pullover.

_____

_____

_____

_____

_____

4 경기에서 득점하려면 공이 어디로 가야 할까요? 알맞은 단어의 공을 문장 안의 골에 연결하세요.

1 Sie [골] einen Job bei Siemens.

2 Ihr [골] das Smartphone.

3 Tim und Nina [골] ein Haus in Berlin.

4 Wir [골] den Autoschlüssel.

5 Ich [골] noch einen Drucker.

● kaufen
● brauche
● hat
● suchen
● nehmt

5 자신에게 필요하거나 갖고 싶은 것들을 생각해 보고 각각 네 문장씩 만들어 보세요.

brauchen　*Ich brauche ein Fahrrad.*

möchten　*Ich möchte einen Hund.*

_____

➤ suchen 찾다 | Mantel *m.* 외투 | schwarz 검정색의 | Aufzug *m.* 승강기 | Koffer *m.* 여행용 가방 | Junge *m.* 소년, 청년 | mieten 세얻다, 빌리다 | Pullover *m.* 스웨터 | Hose *f.* 바지 | Kleid *n.* 원피스 | Schuhe *pl.* 신발 | Hund *m.* 개

21 Die Boutique gehört einem Freund. 이 옷 가게는 친구의 것이야.
명사의 3격

문법 이해하기

A 셀카 놀이는 재미있지요. 아래 문장의 내용에 해당하는
사진을 찾고 문장에서 *dem*과 *einem*에 밑줄을 쳐 보세요.

1 ＿＿ Shoppen mit Sarah und Emilie.
Die Boutique gehört einem Freund.
2 ＿＿ Cool, wir fahren mit dem Taxi!

B A를 다시 읽고 아래의 빈칸을 채워 보세요.

3격				
	정관사		부정관사	
● 남성	dem	Freund	＿＿	Freund
● 중성	＿＿	Taxi	einem	Taxi
● 여성	der	Boutique	einer	Boutique
● 복수	den	Freunden	---	Freunden

	2 동사	3격	
Wir	fahren mit	dem Taxi.	우리는 택시를 타고 간다.
Das	gehört	einem Freund.	그것은 친구에게 속해 있다.
Das Auto	gefällt	meiner Chefin.	그 자동차는 나의 사장의 마음에 든다.
Er	hilft	keinem Schüler.	그는 학생을 돕지 않는다.

C 3격에 대해 알아봅시다.

● 명사의 3격이 목적어로 쓰이기도 합니다. 이는 *gehören*(~에게 속하다), *helfen*(돕다), *gefallen*(~의 마음에 들다) 등의 동사에
의해 결정되거나, *mit* 같은 전치사에 의해 결정됩니다.

● 목적어 자리에 놓인 명사는 사람(*wem?*)이나 사물을 나타냅니다.

● 명사의 3격은 관사도 모두 변화하는데, 남성과 중성은 동일한 관사를 갖습니다.

● *ein-*, *mein-*, *kein-*의 단수형 어미 변화는 같습니다.

● 복수 명사는 항상 마지막에 *n*이 들어갑니다.

연 습 하 기

1 3격 관사를 넣어 보세요.

mit *dem* Bus	mit *einem* Bus	mit ＿＿ Bus	mit ＿＿ Bus
mit ＿＿ Taxi	mit ＿＿ Taxi	mit *meinem* Taxi	mit ＿＿ Taxi
mit ＿＿ U-Bahn	mit ＿＿ U-Bahn	mit ＿＿ U-Bahn	mit *keiner* U-Bahn

▶ Boutique *f.* 옷가게 | shoppen 쇼핑하다 | gehören ~에게 속하다 | gefallen ~의 마음에 들다 | helfen 돕다

2 문장을 완성하세요.

1 ● S-Bahn   Ich fahre gerne *mit der S-Bahn.*
2 ● Straßenbahn Ich fahre gerne _____.
3 ● Fahrrad   Ich fahre gerne _____.
4 ● Auto   Ich fahre gerne _____.
5 ● Motorrad   Ich fahre gerne _____.
6 ● Zug   Ich fahre gerne _____.

3 밑줄 친 단어를 보고, 정관사인지 부정관사인지 구분해 보세요.

▼ Was machst du am Wochenende?
■ Ich helfe <u>einem</u> Freund im Garten.

◆ Wem gehört das iPad?
○ Das gehört <u>einer</u> Freundin.

정관사

부정관사

◆ Gehst du zu Fuß?
○ Nein, ich fahre mit <u>dem</u> Bus.

▼ Ist das dein Smartphone?
■ Nein, es gehört <u>dem</u> Lehrer.

4 *ein*-의 3격 형태를 사용하여 아래의 빈칸을 채우세요.

1 Fährst du alleine in Urlaub? – Nein, mit *einer Freundin.* (● Freundin).
2 Geht ihr mit den Kindern in den Biergarten? – Nein, mit _____ (● Freunden).
3 Nimmst du den Zug? – Nein, ich komme mit _____ (● Mietauto).
4 Lernst du alleine für die Prüfung? – Nein, mit _____ (● Freund).
5 Fährst du mit deinem Chef? – Nein, mit _____ (● Kollegin).

5 '나'는 가진 게 아무것도 없다고 합니다. 아래의 글을 읽고 문맥에 맞게 빈칸을 채워 보세요.

Das iPad gehört (1) *meiner Freundin* (● Freundin). Die Maus gehört (2) _____
(● Bruder). Der Laptop gehört (3) _____ (● Schwester). Der Drucker gehört
(4) _____ (● Vater). Der Schreibtisch gehört (5) _____ (● Mutter).
Das Buch gehört (6) _____ (● Lehrer). Der USB-Stick gehört (7) _____
(● Kollegin).

6 *mein*-의 3격 형태를 넣어 보세요.

1 Was machst du? – Ich helfe *meinem Vater* im Garten (● Vater).
2 Hast du heute Zeit? – Nein, ich helfe _____ bei den Hausaufgaben
(● Schwester).
3 Kommst du jetzt? – Das geht nicht. Ich muss doch _____ helfen (● Bruder).
4 Haben Sie denn Zeit? – Leider nein. Ich bin im Büro und helfe _____ (● Chef).

7 여러분과 다른 학생들은 보통 어떻게 수업을 들으러 가나요? *mit*를 사용하여 가는 방법을 적어 보세요.

mit dem Auto, _____

▶ Schüler *m.* 학생 | zu Fuß 걸어서 | Urlaub *m.* 휴가 | Prüfung *f.* 시험 | Laptop *m.* 노트북

22 Die Pizza schmeckt der Frau. 피자가 맛있어요.

목적어를 취하는 동사: 3격

A 아래의 웹사이트를 보고, 사진과 연관된 문장을 찾아 번호를 쓰세요.

www.gut-essen.de

Mmhh, ...

1 _B_ das Bier schmeckt dem Mann!
2 .... die Limonade schmeckt dem Kind!
3 .... die Pizza schmeckt der Frau!

 A
 B
 C

B A를 다시 읽고 아래의 표를 완성하세요.

	2 동사	3격 목적어	
Das Bier	....	dem Mann.	이 맥주는 그 남자에게 ....
Die Wohnung	gefällt	der Frau.	이 집은 이 여자의 마음에 든다.
Ich	helfe	einer Nachbarin.	나는 이웃 여자를 돕는다.
Ich	danke	meinem Freund.	나는 나의 친구에게 감사한다.
Das Essen	schmeckt	keinem Gast.	이 음식은 어느 손님에게도 맛이 없다.

C 명사 3격을 요구하는 동사에 대해 알아봅시다.

- 독일어의 대부분의 문장은 주어, 동사, 목적어로 이루어지고, 대체로 동사는 주어 다음 위치에 옵니다.
- *danken*(감사하다), *gehören*(~에게 속하다), *gefallen*(~의 마음에 들다), *helfen*(돕다) 등과 같은 동사는 목적어로 명사의 3격을 취합니다.
- 목적어는 정관사나 부정관사를 가진 명사나 대명사입니다. 3격 명사의 어미 변화는 21과를 참조하세요.

! 중요: 목적어로 명사 3격이 사용되었는지 알 수 있는 방법은 동사를 확인하는 것입니다. 앞서 언급한 바와 같이 *gehören*, *gefallen* 등의 동사는 항상 3격을 취합니다!

1 아래의 문장을 읽고 *gehören*, *gefallen*, *helfen*, *danken* 동사에 밑줄을 쳐 보세요.

1 Ist das dein Smartphone. – Nein, es gehört meinem Bruder.
2 Der Deutschkurs gefällt dem Mädchen nicht. – Oh, das tut mir leid.
3 Hat Martin denn Zeit? – Nein, er hilft dem Großvater.
4 Gefallen deiner Mutter die Blumen? – Ja, sehr.
5 Wir danken dir. – Gerne.

▶ Limonade *f.* 레모네이드 | danken 고마워하다 | Großvater *m.* 할아버지

2 아래와 같이 문장을 만들어 보세요.

1 • Frau / helfen / • Großvater   *Die Frau hilft dem Großvater.*
2 • Chef / danken / • Kollegin
3 • Auto / gehören / • Freund
4 • Pizza / schmecken / • Kind
5 • Haus / gehören / • Chefin
6 • Kind / helfen / • Mann

3 4격과 3격 중 어떤 것을 목적어로 취하는지 올바르게 연결해 보세요.

a danken
b lieben
c gehören
d gefallen
e nehmen
1 4격   f kaufen   **2** 3격
g helfen
h schmecken
i brauchen
j suchen

4 동사의 단수형과 복수형 중 알맞은 것을 골라 아래와 같이 문장을 만들어 보세요.

der Mercedes das Haus die Wohnungen die Stadt die Bücher die Pizza die Äpfel die Brötchen	단수 복수 gehört/gehören gefällt/gefallen schmeckt/schmecken	dem Lehrer der Chefin der Frau dem Mann der Großmutter der Kollegin

단수
Der Mercedes gehört der Chefin.

복수
Die Äpfel schmecken der Großmutter.

5 오늘 당신이 도와주고 싶은 사람이 있나요? 아래와 같이 5개의 문장을 만들어 보세요.

Ich helfe meiner Mutter.

➤ Großmutter *f.* 할머니

23 **Er ist viel zu klein.** 그는 키가 너무 작아.

1격 인칭 대명사

A *er*, *sie*, *es*에 밑줄 치고 빈칸을 채워 보세요.

facebook   Chronik   Fotos   Infos   Videos

● der Stuhl → *er*   ● das Bett → ....   ● die Lampe → ....

Besser wohnen

Mann, ist der Stuhl hässlich! Und er ist viel zu klein.
Ich finde das Bett nicht schlecht. Aber es ist zu kurz.
Die Lampe ist sehr schön. Und sie kostet nur 95 €.

B A를 다시 읽고 아래의 표를 완성하세요.

● 남성   *Der Stuhl* ist super! → Ja, aber er kostet 250 €. 그 의자는 멋져! → 그래, 하지만 그것은 250€야.

● 중성   .... ist nicht schlecht. → Stimmt, aber es ist zu kurz.
               ....은 나쁘지 않다. → 맞아, 하지만 그것은 너무 짧아.

● 여성   .... ist sehr schön. → Und sie ist günstig! ....은 매우 예쁘다. → 그리고 그것은 저렴하다.

● 복수   Was kosten denn die Stühle? → Nicht viel, sie kosten nur 48 €.
               이 의자들은 얼마지? → 비싸지 않아, 그것들은 단지 48€야.

C 인칭 대명사에 관하여 읽고 아래의 빈칸을 채워 보세요.

● *er*, *sie*, *es*는 1격 인칭 대명사입니다. 사람, 동물, 사물 등의 명사는 인칭 대명사로 대신할 수 있습니다.

● 남성은 ____로, 중성은 ____로, 여성은____로 대신하고, 복수는 항상 ____ 입니다.

1 인칭 대명사와 명사를 알맞게 연결해 보세요.

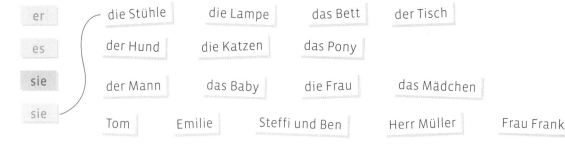

er   die Stühle   die Lampe   das Bett   der Tisch

es   der Hund   die Katzen   das Pony

sie   der Mann   das Baby   die Frau   das Mädchen

sie   Tom   Emilie   Steffi und Ben   Herr Müller   Frau Frank

▶ besser 더 좋은 | hässlich 혐오스러운, 싫은 | schlecht 나쁜 | kurz 짧은 | schön 아름다운, 좋은 | günstig 가성비 좋은 | Mädchen *n*. 소녀, 아가씨

2 대화를 알맞게 연결해 보세요.

1 Kommen die Möbel aus Spanien?   **a** Ja, ein Sonderangebot. Normal kostet er 399 €.
2 Der Teppich ist aber günstig!   **b** Nein, sie kommen aus Italien.
3 Was kostet denn das Sofa?   **c** Ja, aber sie ist super!
4 Die Kamera ist aber klein!   **d** Es kostet nur 280 €.

3 *er*, *sie*, *es* 중 문맥에 맞게 알맞은 형태를 골라 밑줄을 쳐 보세요.

1 Was kostet denn der Drucker? – <u>*Er*</u> / *Es* / *Sie* kostet 125 €.
2 Gut, die Couch nehme ich. – Ja, *er* / *es* / *sie* ist super!
3 Woher kommt das Smartphone? – *Er* / *Es* / *Sie* kommt aus Japan.
4 Ist die Firma in Berlin? – Nein, *er* / *es* / *sie* ist in Hamburg.
5 Was kostet der Teppich? – *Er* / *Es* / *Sie* kostet nur 29,90 €.
6 Wie ist das Apartment? – Super! Und *er* / *es* / *sie* ist richtig groß.

4 *er*, *sie*, *es* 중 문맥에 맞는 것을 골라 아래의 빈칸을 채워 보세요.

1 Und die Kamera? Was kostet *sie*?
2 Wow! Die Couch ist cool! Ist _____ wirklich so teuer?
3 Der Drucker kommt aus Japan. Und der Laptop? Woher kommt _____?
4 Wo ist denn die Firma? Ist _____ in Berlin?
5 Und das Fahrrad? Was kostet _____ denn?
6 Der Tisch ist sehr schön! Kommt _____ auch aus Italien?
7 Wo ist die Uhr denn? Ich finde _____ nicht.

5 답을 보고 질문을 만든 후, *er*, *sie*, *es*를 사용하여 답을 완성해 보세요.

1 *Was kostet der Schrank?* – Der Schrank? *Er* kostet 330 €.
2 _____ – Meine Firma? _____ ist in Berlin.
3 _____ – Der Drucker hier? _____ kommt aus China.
4 _____ – Das Apartment? Super! _____ ist wirklich groß.

6 아래의 단어들을 사용하여 메시지를 완성해 보세요.

billig   praktisch   groß   weiß

Hi Laura,
ich bin bei *Living* in Berlin.
Wie findest du die Couch? Super! Oder?

Sie ist _____ und _____.
Und der Tisch ist cool, oder?

Er ist _____ und _____.
Eliana

▶ Sonderangebot *n.* 특별 할인품 | normal 보통의 | Kamera *f.* 카메라 | Teppich *m.* 카페트 | Firma *f.* 회사 | Couch *f.* 긴 소파 | Schrank *m.* 옷장 | weiß 흰색의

24 Ich liebe dich. 나는 너를 사랑해.

4격 인칭 대명사

A 요나스를 가리키는 인칭 대명사를 찾아 밑줄을 쳐 보세요.

> Das ist Laura. Sie ist meine Mutter. Ich liebe sie.
> Das ist Jonas. Er ist mein Vater. Ich liebe ihn.

B A를 다시 읽고 아래의 표를 완성하세요.

	단수	복수
1인칭	Sie liebt mich. 그녀는 나를 사랑해.	Er liebt uns. 그는 우리를 사랑해
2인칭	Ich liebe dich. 나는 너를 사랑해. Ich liebe Sie. 나는 당신을 사랑해요.	Ich liebe euch. 나는 너희들을 사랑해. Ich liebe Sie. 나는 당신들을 사랑해요.
3인칭	Ich liebe ihn. 나는 그를 사랑해. Ich liebe es. 나는 그것을 사랑해. Ich liebe sie. 나는 그녀를 사랑해.	Ich liebe sie. 나는 그들을 사랑해.

1격	ich 나는	du 너는	er 그는	es 그것은	sie 그녀는	wir 우리들은	ihr 너희들은	Sie 당신은	sie 그들은
4격	mich 나를	dich 너를	...... 그를	es 그것을	...... 그녀를	uns 우리들을	euch 너희들을	Sie 당신을	sie 그들을

C 4격 인칭 대명사에 대해 알아봅시다.

- 4격 인칭 대명사는 *lieben*(사랑하다), *haben*(~을/를 가지다), *brauchen*(~을/를 필요하나), *kennen*(~을/를 알다) 등의 동사의 도
  적어로 쓰입니다.
- 사람, 사물, 동물들을 가리키는 명사를 대신합니다.

1 *ihn, sie* 중 질문에 쓰인 명사와 대답의 인칭 대명사를 알맞게 연결하세요.

1 Ist das dein Vater? – Ja, ich liebe ihn. **3** Ist das deine Mutter? – Ja, ich liebe sie.
2 Und ist das dein Bruder? – Ja, kennst du ihn?

2 *ihn, sie, es* 중 알맞은 것을 넣어 빈칸을 채워 보세요.

1 Wartet Carla schon im Fitness-Studio? – Ja, wir holen *sie* ab.
2 Hat David Fieber? – Ja, wir bringen .... zum Arzt.
3 Kommt Sara auch? – Ja, ich sehe .... schon.
4 Das Auto ist doch super, oder? – Ja, ich habe .... schon seit zwei Jahren.
5 Dein Freund ist sehr nett! – Ja, ich liebe ....

3 *Sie, dich* 중 격식 표현과 비격식 표현을 찾아 빈칸을 채워 보세요.

1 Er kennt *Sie* . **2** Ich brauche .... **3** Ich verstehe .... **4** Wir sehen ....

▶ lieben 사랑하다 | kennen ~을/를 알다

4 아래 메시지를 읽고 *dich*와 *euch* 중 알맞은 것에 아래와 같이 밑줄을 쳐 보세요.

1
Liebe Mama, lieber Papa,
ich komme am Wochenende.
Ich liebe *dich* / *euch*.
Laura

3
Liebe Carla,
okay, ich rufe *dich* / *euch* an.
Bis morgen.
Tim

2
Lieber Paul,
bist du schon am Bahnhof?
Ich hole *dich* / *euch* ab.
Martha

4
Hi Emilia, hallo Jan,
zum Flughafen? Ja, klar.
Ich bringe *dich* / *euch*.
Ben

5 휴대폰 통화 내용입니다. 빈칸에 *mich*, *uns* 중 알맞은 것을 넣어 대화를 완성하세요.

1 Du, Paul! Verstehst du *mich*?
– Ja, ich verstehe dich.
2 Wo seid ihr denn? – Wir sind hier, auf der Straße. Siehst du _____?

3 Liebst du _____? – Ja, ich liebe dich.
4 Wir warten. Holst du _____ ab? – Ja, gerne.

6 인칭 대명사를 사용하여 문장을 다시 써 보세요.

1 David ist krank. – *Dann bringen wir ihn zum Arzt.* (Dann bringen wir David zum Arzt.)
2 Liebst du deine Kinder? – _____ (Ja, ich liebe meine Kinder sehr.)
3 Müssen Jan und Ben ins Büro kommen? – _____
(Ja, wir brauchen Jan und Ben.)
4 Die Tür ist noch auf. – _____ (Okay, ich mache die Tür zu.)
5 Wie heißt der Mann da? – _____ (Ich kenne den Mann nicht.)

7 가운데 영어로 된 문장을 보고 독일어와 한국어로 문장을 적어 보세요.

독일어

영어

He loves me.
He loves me not.

한국어

8 당신은 누구를, 그리고 무엇을 사랑하나요? 아래에서 명사를 선택하여 세 문장을 만들어 보세요.

● Freund ● Frau ● Auto ● Haus ● Freundin ● Mutter ● Vater ● Kind ● Job

Meinen Freund? Ja, ich liebe ihn.

▶ Flughafen *m.* 공항 | Bahnhof *m.* 기차역 | abholen 데리러(가지러) 가다 | Tür *f.* 문 | auf 열린 | zumachen 닫다

25 Gefällt mir. 내 마음에 들어.
3격 인칭 대명사

A 다음 시를 읽고 문맥에 맞게 연결해 보세요.

Gefällt uns

Ich mag München.
Du liebst Wien.
Und wir wohnen gerne in Berlin.

Du magst die Berge.
Ich liebe die Sonne und den Strand.
Und wir leben gerne auf dem Land.

👍 Gefällt mir.

👍 Gefällt dir.

👍 Gefällt uns.

B A를 다시 읽고 아래의 표를 완성하세요.

	단수	복수
1인칭	Berlin gefällt mir. 베를린은 내 마음에 든다.	Berlin gefällt uns. 베를린은 우리의 마음에 든다.
2인칭	Berlin gefällt dir. 베를린은 당신의 마음에 든다. Berlin gefällt Ihnen. 베를린은 당신들의 마음에 든다.	Berlin gefällt euch. 베를린은 너희들의 마음에 든다. Berlin gefällt Ihnen. 베를린은 당신들의 마음에 든다.
3인칭	Berlin gefällt ihm. 베를린은 그의 마음에 든다. Berlin gefällt ihm. 베를린은 그것의 마음에 든다. Berlin gefällt ihr. 베를린은 그녀의 마음에 든다.	Berlin gefällt ihnen. 베를린은 그들의 마음에 든다.

1격	ich 나는	du 너는	er 그는	es 그것은	sie 그녀는	wir 우리들은	ihr 너희들은	sie 당신은	Sie 그들은
4격	mich 나를	dich 너를	ihn 그를	es 그것을	sie 그녀를	uns 우리들을	euch 너희들을	sie 그들을	Sie 당신을
3격	....	....	ihm 그에게	ihm 그것에게	ihr 그녀에게	.... 우리들에게	euch 너희들에게	ihnen 그들에게	Ihnen 당신에게

C 3격 인칭 대명사에 대해 알아봅시다.

- 3격 인칭 대명사는 *gefallen*(~의 마음에 들다), *helfen*(돕다), *gehören*(~에게 속하다), *danken*(고마워하다), *gehen*(가다, 지내다 *(Wie geht es dir?* 잘 지냈어요?)과 같은 동사와 함께 쓰입니다.
- 사람, 사물, 동물들을 가리키는 명사를 대신합니다.

1 영어와 독일어의 인칭 대명사를 서로 연결하고 한국어로 번역해 보세요.

독일어	영어	한국어
uns ihnen ihm ihr mir	me her him us them	....

▶ Berg *m.* (*pl.* Berge) 산 ǀ Strand *m.* 해안가 ǀ Land *n.* 시골, 나라

2 *ihm*와 *ihr* 중 올바른 인칭 대명사에 밑줄을 쳐 보세요.

1 Cathy wohnt in der Schweiz. Zürich gefällt *ihm / ihr*.
2 Wo macht Alexandra Urlaub? – In Frankreich. *Ihm / Ihr* gefallen die Cafés.
3 Wo bist du? – Bei Opa. Ich helfe *ihm / ihr* im Garten.
4 Und das Baby? – Kein Problem. Es geht *ihm / ihr* gut.

3 *uns*와 *euch* 중 문맥에 맞는 것을 골라 빈칸을 채워 보세요.

1 Der Test ist nicht leicht. – Ja, wir haben Probleme. Aber mein Freund hilft *uns*.
2 Ihr seid neu in München, oder? Wie gefällt es _____? – Wir finden es toll.
3 Ihr habt uns sehr geholfen. Wir danken _____. – Bitte.
4 Du, Jan! Das Tablet gehört _____. Wir haben es gekauft. – Ja, ich weiß.

4 주어진 인칭 대명사를 골라 빈칸을 채워 보세요.

ihr   Ihnen   euch   ~~uns~~   mir   ihnen   ihm   dir

1 Wo wohnt ihr? – Wir wohnen in Kreuzberg. Die Cafés und die Kneipen gefallen *uns*.
2 Hallo, ihr beiden! Wie geht's _____ denn? – Uns geht's gut. Danke.
3 Du, Eliana! Ist das dein Smartphone? – Nein, das gehört _____ nicht.
4 Dein Vater hat dir Geld geschickt. – Super! Ich schreibe gleich eine SMS und danke _____.
5 Guten Tag, Herr Braun. Kann ich _____ helfen? – Ja, ich suche Frau Hansen.
6 Paul und Emma ziehen um. – Wirklich? Du, ich habe Zeit. Ich helfe _____.
7 Und wie geht's _____? – Naja, so lala.
8 Sie wohnt doch jetzt in Berlin, oder? – Ja, und es gefällt _____.

5 아래에서 인칭 대명사를 찾아 표시하고, 문맥에 맞는 것을 넣어 빈칸을 채워 보세요.

vier(dir)keinfünfmirregnenihmsingenfahrenIhnendankemirsomirklardirwasmirdirsechsmir

1 Wie geht's *dir* denn so? – Es geht _____ gut.
2 Und was macht er? Arbeitet er wieder?
 – Ja, es geht _____ schon besser.
3 Kann ich _____ helfen, Frau Müller?
 – Ja, gerne.
4 Kannst du _____ bei den Hausaufgaben
 helfen? – Aber ja!

5 Hilf _____ doch mal! – Mach ich!
6 Ich danke _____ sehr, Emma. – Gerne.
7 Das Smartphone gehört _____. – Wirklich?
 Nina hat auch so ein Smartphone!
8 Gefällt es _____ hier? – Naja, das Hotel
 gefällt _____ nicht so.

6 당신은 어디서 살고 싶은가요? 당신의 아내/남편/친구들은 어디서 살고 싶어 하나요? 아래와 같이 질문에 대한 세 문장을 만들어 보세요.

Ich möchte in Spanien leben. Spanien gefällt mir.

_____

_____

➡ Problem *n.* 문제 | Test *m.* 검사, 시험 | wissen (ich weiß) 알다 | Kneipe *f.* 주점 | schicken 보내다 | schreiben 쓰다 | umziehen 이사하다

26 Nichts geht mehr! 더 이상은 아무것도 안 돼요!
부정 대명사

문법 이해하기

A 몬테 카를로의 카지노에서 보낸 주말 이야기입니다. 사진과 어울리는 구절을 찾아 번호를 넣으세요.

B A를 다시 읽고 아래의 표를 완성하세요.

alles (모든 것) ↔ nichts (아무것도 아닌 것)	.... oder nichts! 모두 다 이거나 아무것도 아니거나!
etwas (어떤 것) ↔ nichts	Noch etwas Kaffee oder Wasser? – Nein, danke, für mich .... 커피나 물을 좀 드릴까요? – 아니요, 저는 전혀 아무것도 필요 없습니다.
mehr (더 많은)	Möchten Sie noch mehr Kaffee? 커피를 좀 더 드시겠어요?
man (일반적인 사람)	Wie schreibt man das? 사람들이 그것을 어떻게 쓰나요? Man kann die Tickets auch hier kaufen. 사람들은 여기서도 표들을 살 수 있어요.	man + 동사 (er의 동사 변화 형태와 동일합니다)

C 부정 대명사에 대하여 읽고 아래의 빈칸을 채워 보세요.

- *alles*는 '모든 것'을 의미하며 반대어는 .... 입니다.
- *etwas*는 지정되지 않은 다수를 표현합니다. 반대어는 역시 '아무것도 아닌 것'입니다..
- .... 는 '더 많은'에 해당하는 표현입니다.
- *man*은 특정하지 않은 사람을 가리킬 때 사용됩니다. (n이 하나인 것에 주의!)

연 습 하 기

1 *alles*☺ , *nichts*☹ 중 알맞은 것을 골라 아래의 빈칸을 채워 보세요.

1 Versteht er denn *alles* ☺? – Nein, ich glaube, er versteht .... ☹.
2 Spielst du Lotto? – Nein, da kann man doch .... ☹ gewinnen.
3 Und wie ist das Buch? – Cool! Hier steht .... ☺ über Berlin.
4 Geht das automatisch? – Ja, du musst .... ☹ machen.

▶ Kaffee *m.* 커피 | Ticket *n.* 표 | Lotto *n.* 복권 | gewinnen 얻다, 이기다 | automatisch 자동으로

2 엠마의 텅 빈 냉장고에 대한 글입니다. *etwas*, *nichts* 중 올바른 단어에 밑줄을 쳐 보세요.

Ich habe ein bisschen Hunger und ich möchte (1) *nichts* / *etwas* essen. Aber im Kühlschrank ist (2) *nichts* / *etwas*. Gestern habe ich noch (3) *nichts* / *etwas* Brot und Butter gekauft. Aber keine Wurst und auch keinen Käse, denn das ist teuer. Und in unserer Kasse ist kein Geld. Absolut (4) *nichts* / *etwas*! Und ohne Geld kann man ja (5) *nichts* / *etwas* kaufen.
Ich besuche jetzt mal Tom. Vielleicht hat er (6) *nichts* / *etwas* zu essen und zu trinken.

3 *mehr*를 사용해서 아래와 같이 네 개의 문장을 만들어 보세요.

  Arbeit ~~Geld~~ Wohnungen Urlaub Zeit

Wir brauchen mehr Geld.

4 *mehr*, *nichts* 중 알맞은 것을 넣어 빈칸을 채워 보세요.

1 Ich habe keinen Wein *mehr*. – Kein Problem. Hier ist noch eine Flasche.
2 Gibt's noch Milch? – Nein, im Kühlschrank ist _____.
3 Noch etwas Gemüse? – Nein, danke, für mich _____.
4 Gibt es denn keinen Kaffee _____? – Doch, Kaffee gibt es noch.

5 *man*을 사용하여 문장을 완성하세요.

  den Eifelturm sehen   das Brandenburger Tor sehen   ~~das Oktoberfest besuchen~~
  das Schloss Belvedere besichtigen

1 In München *kann man das Oktoberfest besuchen.*
2 In Berlin _____
3 In Wien _____
4 In Paris _____

6 부정 대명사를 이용하여 빈칸을 채워 보세요.

1 Hast du *alles*? – Ja.
2 Hier kaufe ich _____. – Ich auch nicht, das ist zu teuer.
3 Könnten Sie _____ langsamer sprechen? – Aber ja.
4 Der Kurs ist voll. Es gibt keine Plätze _____ – Ja, ich weiß.
5 Wie schreibt _____ das? – Ich buchstabiere: S-C-H-M-I-D-T.

7 여러분은 고향에서 무엇을 할 수 있나요? *man*을 사용하여 아래와 같이 세 개의 문장을 만들어 보세요.

Man kann ins Theater gehen.

▶ Kasse *f.* 계산대 | Milch *f.* 우유 | Eifelturm *m.* 에펠탑 | besichtigen 구경하다

27 Die Studentin kommt aus Nigeria. 그 여대생은 나이지리아 출신이에요.

정관사와 부정관사

문법 이해하기

A 사진의 학생들이 자신의 학교에 대해 이야기하고 있습니다. 사진 내용에 해당하는 문장을 찾아 번호를 넣으세요.

1 _C_ 하이델베르크 대학에서 공부하는 바로 그 대학생
2 _____ 하이델베르크 대학에서 공부하는 많은 대학생들 중 한 명
3 _____ 바로 그 도서관, 하이델베르크 대학에 있는 도서관

Ich studiere in Heidelberg.
Und das ist <u>die</u> Bibliothek.

Es gibt viele Studenten in Heidelberg.
Das hier ist <u>eine</u> Studentin.

<u>Die</u> Studentin hier kommt
aus Nigeria. Sie heißt Rose.

B A를 다시 읽고 올바른 형태를 넣어 표를 완성하세요.

	1격		4격	
● 남성	der	ein Professor	den	einen Professor
● 중성	das	ein Buch	das	ein Buch
● 여성	_____	_____ Studentin	die	eine Studentin
● 복수	die	--- Studenten	die	--- Studenten

C 관사에 대하여 읽고 아래의 빈칸을 채워 보세요.

- 관사는 명사 앞에 놓입니다.
- 정관사 _der_, _____, _____ 는 특정한 사물이나 사람을 가리킵니다.
- 부정관사 _ein-_은 특정하지 않은 사물이나 사람을 가리킵니다.

연 습 하 기

1 이탤릭체로 된 관사가 특정한 것을 가리키는지 불특정한 것을 가리키는지 연결해 보세요.

▼ Ist das _ein_ Freund?
■ Nein, das ist _ein_ Kollege.

◆ Gehst du ins Stadion?
○ Ja, _das_ Spiel fängt gleich an.

특정한 것

불특정한 것

◆ Wann kann ich _den_ Schrank abholen?
○ Morgen. Dann ist er auch fertig.

▼ Möchten Sie _einen_ Kaffee?
■ Ja, gerne.

▶ Nigeria 나이지리아 | Bibliothek _f._ 도서관 | Stadion _n._ 경기장 | fertig 끝마친 | anfangen 시작하다

27

2 정관사 1격을 사용하여 빈칸을 채워 보세요.

1 *Die* Lampe ist von Ikea. Sie kostet 19 Euro.　**2** _____ Tisch ist auch günstig. Er kostet nur 29 Euro.　**3** _____ Couch ist vom XXL-Markt. Sie kostet wenig.　**4** _____ Regal ist sehr modern. Es kostet 49 Euro.　**5** _____ Teppich ist von Oma. Er kostet nichts.

3 가게에서의 대화입니다. 대화를 읽고 *ein-*의 4격 형태로 대화를 완성하세요.

1 Guten Tag. – Guten Tag. Ich brauche *einen* ● Laptop.
2 Hallo! – Hallo! Ich hätte gerne _____ ● Drucker.
3 Guten Morgen. – Guten Morgen. Könnten Sie mir _____ ● Smartphone empfehlen?
4 Guten Abend. – Guten Abend. Ich möchte gerne _____ ● Kamera.

4 *ein, der, das, die* 중 알맞은 것을 골라 빈칸을 채워 보세요.

1 Ich kaufe jede Woche *ein* ● T-Shirt. – Ich auch. Aber *das* ● T-Shirt muss billig sein.
2 Ich brauche _____ ● Jacke für den Winter. _____ ● Jacke muss warm sein. – Ja, und bequem.
3 Brauchst du noch _____ ● Hemd? – Ja, _____ ● Hemd hier finde ich cool.
4 Ich möchte gerne _____ ● Mantel und _____ ● Sweatshirt. – _____ ● Sweatshirt in L oder XL?

5 가게 직원이 손님에게 이야기하고 있습니다. 알맞은 관사를 넣어 보세요.

die – das ~~ein~~ ein der ein die ein eine

1 Das hier ist *ein* ● Laptop. Und das ist _____ ● Tablet. _____ ● Laptop ist wirklich sehr leicht.
2 Klar, wir haben auch _____ ● USB-Sticks. _____ ● USB-Sticks hier haben vier Gigabyte.
3 Das hier ist _____ ● Tablet und das ist _____ ● Notebook. Also, _____ ● Tablet ist viel dünner.
4 Sie suchen _____ ● Kamera? Nehmen Sie doch _____ ● Kamera hier. Die ist günstig.

6 식당에서의 대화입니다. *einen, ein, eine, den, das, die* 중 문맥에 맞는 것을 골라 빈칸을 채워 보세요.

Emma: Ich möchte bitte (1) *einen* Hamburger und (2) _____ Cola.
Paul: Und ich nehme (3) _____ Käsebrötchen und (4) _____ Mineralwasser.
Paul: Zahlen bitte!
Kellner: Zusammen?
Emma: Nein, ich zahle (5) _____ Hamburger und (6) _____ Cola.
Paul: Und ich (7) _____ Käsebrötchen und (8) _____ Mineralwasser.

7 여러분은 이웃에 관해 무엇을 알고 싶은가요? *ein-*을 사용하여 아래와 같이 5개의 질문을 만들어 보세요.

Hast du ein Auto?
_____
_____

➡ Regal *n.* 책장 | modern 현대적인 | wenig 적은 | empfehlen 추천하다 | Winter *m.* 겨울 | bequem 편안한 | Hemd *n.* 셔츠 | dünner 더 얇은 | Hamburger *m.* 햄버거 | zahlen 계산하다 | zusammen 함께

28 Nein, das ist auch kein Baum. 아니요, 그것은 나무가 아니에요.

부정관사와 부정어 kein

A 이것은 무엇인가요? 앱을 읽고 아래와 같이 내용에 맞는 표정을 넣어 보세요.

ich: Was ist das?

Laura: Das ist *ein* Bleistift. ☺

ich: Nein, das ist *kein* Bleistift. ☹

Laura: Ist das *ein* Baum? ....

ich: Nein, das ist auch *kein* Baum. ....

Laura: Ah, das ist *eine* Lampe. ....

ich: Ja, *eine* Lampe. ....

B A를 다시 읽고 아래의 표를 완성하세요.

	1격		4격	
● 남성	.... Baum	....	einen Baum	keinen
● 중성	ein Bett	kein	ein Bett	kein
● 여성	.... Lampe	keine	eine Lampe	keine
● 복수	--- Lampen	keine	--- Lampen	keine

C 다음을 읽고 빈칸을 채워 보세요.

- *kein*은 명사 앞에 위치하고 명사를 부정하는 기능을 합니다. *kein Auto* 차가 없다.
- .... 과 .... 의 단수는 동일하게 어미 변화합니다.
- *ein*-은 복수 관사가 없습니다. *Haben Sie auch Lampen*? 당신은 전등들을 갖고 있습니까?

1 알맞은 색을 빈칸에 칠하세요.

◉ ein   ○ ein   ○ eine   ○ kein   ◉ kein   ○ keine

2 *ein*- ☺, *kein*- ☹ 중 내용에 맞는 것을 넣어 빈칸을 채워 보세요.

1 *ein*	● Bleistift ☺	4	● Buch ☹	7	● Übungen ☹
2 *kein*	● Heft ☹	5	● Text ☺	8	● Lehrerin ☹
3	● Deutschkurs ☹	6	● Tafel ☺	9	● Aufgaben ☺

28

3 주어진 문장을 해당하는 사진 아래에 써 보세요.

Das ist ein Auto.   Das ist kein Tisch.   Das ist eine Uhr.   ~~Das ist ein Tisch.~~
Das ist kein Auto.   Das ist keine Uhr.

1 *Das ist ein Tisch.*   **3** ....   **5** ....

2 ....   **4** ....   **6** ....

4 *ein-, kein-*을 이용하여 아래와 같이 질문하고 답하세요.

1 ● Stuhl ☺   *Ist das ein Stuhl? – Ja, das ist ein Stuhl.*
2 ● Lampe ☹ ....
3 ● Schrank ☺ ....
4 ● Bett ☹ ....

5 다음 대화를 서로 연결하고, 4격을 사용하여 빈칸을 채워 보세요.

1 Kommt sie denn heute?   **a** Also, ich mag eigentlich kein...... Fisch.
2 Und wie schmeckt's?   **b** Gerne ein...... Bier.
3 Nehmen wir ein Taxi?   **c** Nein, ich habe kein...... Garten.
4 Möchtest du ein...... Bier oder ein...... Wein?   **d** Ja, es kommen heute kein...... Busse mehr.
5 Ist das dein Garten?   **e** Nein, sie hat kein*e* Zeit.

6 문맥에 맞게 *ein-*이나 *kein-*을 넣어 보세요.

1 Das ist doch *kein* Hund, oder? – Nein, das ist *eine* Katze.
2 Was ist das denn? .... Uhr? – Nein, das ist .... Uhr. Das ist .... Fitness-Tracker.
3 Warum kommst du nicht? – Ich habe .... Zeit.
4 Möchtest du .... Vorspeise? – Nein, danke. Ich habe .... Hunger.
5 Ist heute denn Deutschkurs? – Nein, heute ist .... Deutschkurs.

7 재미있던 일과 사람들에 관하여 생각해 보고 아래와 같이 세 문장을 만들어 보세요.

Das ist doch kein Schlafzimmer, das ist eine Garage.
....
....

➡ **Baum** *m.* 나무 | **Bleistift** *m.* 연필 | **eigentlich** 원래는 | **Bus** *m.* (*pl.* Busse) 버스 | **Vorspeise** *f.* 전채요리 | **Schlafzimmer** *n.* 침실

29 Ich habe immer Orangensaft im Kühlschrank.
나는 냉장고에 언제나 오렌지주스를 가지고 있어요.

무관사

문법 이해하기

A 블로그 글을 읽고 스무디를 만들 때 필요한 재료를 찾아 밑줄을 쳐 보세요.

Mein Detox-Programm

Das ist mein super Detox-Smoothie. Er ist gesund und lecker!
Ich habe natürlich immer <u>Orangensaft</u> und Eis im Kühlschrank. Dann brauche ich noch Obst für meinen Lieblings-Smoothie: Bananen, Äpfel und Zitronen …

B A를 다시 읽고 아래의 표를 완성하세요.

| Ich habe immer
나는 항상 가지고 있다 | ~~den~~ _____
_____ 을 | Dann brauche ich noch
그리고 나는 더 필요로 한다 | ~~das~~ _____
_____ 을 |
| Ich habe auch immer
나도 역시 항상 가지고 있다 | ~~das~~ Eis.
얼음을 | Hast du
너는 가지고 있니 | ~~die~~ Äpfel?
사과들을? |

C 다음을 읽고 옳은 문장에 ✔ 표시하세요.

○ 관사는 항상 명사 앞에 위치합니다.

○ 관사는 지정된 다수나 어떤 물건들을 가리킬 때 사용됩니다. 특정하지 않은 다수에 대해 말할 때는 관사를 사용하지 않습니다.

연습하기

1 밑줄 친 명사가 특정한 명사인지 불특정한 명사인지 알아보고 해당하는 것을 연결해 보세요.

▼ Hast du <u>Geld</u>?
■ Nein, aber ich nehme die Kreditkarte mit.

◆ Kannst du mir bitte <u>das</u> <u>Salz</u> geben?
○ Ja, hier bitte.

특정한 명사
불특정한 명사

◆ Brauchen wir <u>Salz</u>?
○ Nein, <u>Salz</u> haben wir.

▼ Was? Achttausend Euro!
■ Ja, ich brauche <u>das</u> <u>Geld</u> für das neue Auto.

2 필요한 곳에 알맞은 관사를 넣어 보세요.

특정한 것	불특정한 것
1 Wir brauchen _das_ Geld.	3 Hast du _____ Geld?
2 Was kostet _____ Obst?	4 Ich habe _____ Obst für den Nachtisch.

3 아래에서 복수형 명사를 찾아 표시하세요.

(BANANEN)TOMATENEIERORANGENMÖHRENKARTOFFELN

▶ lecker 맛있는 | Zitrone *f.* 레몬 | immer 항상 | Salz *n.* 소금 | Nachtisch *m.* 후식

29

4 음식에 관한 이야기입니다. 내용을 읽고 빈칸을 채워 보세요.

1 Was brauchst du für den Salat? (Tomate / Öl) – Ich brauche *Tomaten und Öl.*
2 Was kommt in den Smoothie? (Banane / Milch) – Ich nehme _____
3 Was hat er denn gekauft? (Ei / Schinken) – Ich glaube, _____
4 Gibt's auch Gemüse zum Fleisch? (Möhre / Kartoffel) – Ja, wir haben noch _____

5 Was nimmst du für den Obstsalat? (Banane / Orange) – Ich nehme _____
6 Was brauchen wir noch? (Salat / Ei) – Wir brauchen nur _____ sind im Kühlschrank.

5 관사를 넣어야 할까요, 넣지 말아야 할까요? 관사가 필요한 곳에 관사를 넣어 보세요.

1 Haben wir noch --- ● Öl? – Nein, leider nicht.
2 *Das* ● Öl von Marco kostet nur 6,99 Euro pro Liter. – Oh, das ist aber billig.
3 Ich kaufe noch _____ ● Bananen und _____ ● Salat. – Okay.
4 Bitte kauf aber _____ ● Salat beim Griechen! Der ist da besser. – Ja, klar.

5 Hast du noch _____ ● Geld? – Nein.
6 _____ ● Geld für das Brot liegt auf dem Tisch. – Danke.
7 Ich mag kein Bier, ich trinke lieber _____ ● Wein. – Ich auch.
8 _____ ● Wein ist von Giovanni. – Ja, der ist super!

6 아래 대화에서 잘못된 곳을 찾아 표시하세요.

1 Hast du noch ~~das~~ Geld? – Nein, ich muss zur Bank.
2 Brauchen wir auch die Milch? – Ja, bitte kauf zwei Liter.
3 Und was frühstückt ihr gerne? – Die Brötchen mit Marmelade.

7 가운데 영어를 보고 내용에 맞게 아래의 문장을 알맞은 곳에 넣어 비교해 보세요. 그리고 한국어로 번역하세요.

~~Möchtest du Ketchup?~~   Ich brauche Geld.   Wir essen Toast zum Frühstück.

독일어	영어	한국어
	I need money.	
Möchtest du Ketchup?	Would you like ketchup?	
	We have toast for breakfast.	

8 여러분의 냉장고에 항상, 가끔 있는 것과 혹은 항상 없는 것의 목록을 만들어 보세요.

Ich habe immer *Milch* _____ im Kühlschrank.
Ich habe manchmal _____ im Kühlschrank.
Ich habe nie _____ im Kühlschrank.

▶ **glauben** 생각하다, 믿다 | **nehmen** 취하다, 가지다 | **Schinken** *m.* 얇게 썬 햄 | **Fleisch** *n.* 고기 | **Möhre** *f.* 당근 | **Marmelade** *f.* 잼 | **manchmal** 가끔 | **nie** 전혀, 절대로

30 Meine Familie, deine Familie 나의 가족, 너의 가족
소유 관사 1

A 읽고 *mein-* 형태를 찾아 밑줄을 쳐 보세요.

> Das ist Thomas. Er ist mein Vater.
> Und das ist Michaela. Sie ist meine Mutter.

B A를 다시 읽고 아래의 표를 완성하세요.

	1격		4격	
● 남성	.... Vater 아빠가	dein 너의	meinen 나의 Vater 아빠를	deinen 너의
● 중성	mein 나의 Kind 아이가	dein 너의	mein 나의 Kind 아이를	dein 너의
● 여성	.... Mutter 엄마가	deine 너의	meine 나의 Mutter 엄마를	deine 너의
● 복수	meine 나의 Eltern 부모님이	deine 너의	meine 나의 Eltern 부모님을	deine 너의

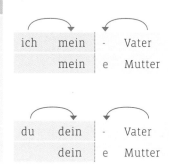

ich	mein	-	Vater
	mein	e	Mutter

du	dein	-	Vater
	dein	e	Mutter

C 소유 관사에 대해 알아봅시다.

● *mein-*(나의)과 *dein-*(너의)은 소유를 나타내는 표현입니다.: *mein* 나의, *dein* 너의
● *mein-*과 *dein-*의 단수는 *ein-*과 동일하게 어미 변화가 일어납니다.

1 아래의 영어와 비교해 보고 설명 중 옳다고 생각하는 것에 ✔ 표시하세요.

der Vater father	ein Vater a father	mein Vater my father	→ ●
das Baby the baby	ein Baby a baby	mein Baby my baby	→ ●
die Tochter the daughter	eine Tochter a daughter	meine Tochter my daughter	→ ●

○ 소유 관사는 명사 뒤에 위치합니다.

○ 여성 명사인 경우 소유 관사는 뒤에 어미 *e*가 붙습니다.

2 *mein-*과 *dein-*에 밑줄을 쳐 보세요.

1 Wer ist denn das? – Das ist <u>meine</u> Frau.
2 Mae, was sind deine Hobbys? – Surfen und Musik.
3 Und deine Lieblingsfarbe ist ...? – Blau.
4 Kommst du? – Ja, Moment. Ich nehme meinen Hund mit.

▶ Tochter *f.* 딸 | Hobby *n.* 취미 | Lieblingsfarbe *f.* 좋아하는 색

30

3 주어진 단어를 사용하여 아래의 표를 채워 보세요.

● H̶a̶u̶s̶ ● Mantel ● Freundin ● Auto

mein-	dein-	ein-	kein-
mein Haus	*dein Haus*	*ein Haus*	*kein Haus*

4 손가락 표시를 보고 문맥에 맞게 *mein-* 👈 혹은 *dein-* 👉을 넣어 보세요.

mein 👈 Auto _____ 👉 Haus _____ 👈 Mantel
_____ 👉 Freundin _____ 👈 Katze

5 내용에 맞게 *mein-, dein-* 중 알맞은 것을 골라 빈칸을 채워 보세요.

1 Das hier bin ich, und das ist *mein* Vater.
2 Und das bist du, und das ist _____ Kind.
3 Das bist auch du und _____ Mutter.
4 Und das bin wieder ich und das sind _____ Eltern.

6 아래 글을 읽고 *mein-*과 *dein-* 중 알맞은 것을 넣어 글을 완성하세요.

Hallo, ich heiße Mae. Ich komme aus Kanada.
Und das ist (1) *meine* Familie. (2) _____ Vater heißt Christian und (3) _____ Mutter heißt Noemi.
(4) _____ Oma heißt Hilda und (5) _____ Opa heißt Carl. Und das ist (6) _____ Bruder, Julian. Er
wohnt in Schweden. Und (7) _____ Familie? Erzähl doch mal! Wie heißt (8) _____ Vater? Und wie
heißt (9) _____ Mutter? Und wo wohnen (10) _____ Großeltern?

7 대화를 서로 연결하고, 빈칸에 4격 어미를 넣어 보세요.

1 Liebst du dein*e* Frau?
2 Komm, wir nehmen mein_____ Auto!
3 Ich habe dein_____ Vater gesehen.
4 Kennst du mein_____ Freund?
5 Ich suche mein_____ Chef.

a Ach ja! Und wo?
b Ja, sicher. Ich liebe sie sehr.
c Nein, wie heißt er denn?
d Dein Chef ist da hinten.
e Ja, gerne.

3 당신의 가족에 대해 아래와 같이 문장을 만들어 보세요.

Vater *Mein Vater heißt Franz.*

Mutter _____

➡ **Moment** *m.* 잠깐 | **erzählen** 이야기하다 | **hinten** 뒤쪽에

31 Sein Haus, ihr Haus 그의 집, 그녀의 집
소유 관사 2

문법 이해하기

A 바닐라와 팀의 일기를 읽고 *ihr*와 *sein*을 찾아 밑줄을 쳐 보세요.

www.meinkleinestagebuch.com

Tim, Samstag, 23. August

Das ist Vanilla. Sie ist sehr nett. Und das ist <u>ihre</u> Wohnung. Ihr Zimmer ist klein, aber sehr schön. Ihre Freunde heißen Carla und Ali. Sie wohnen auch da.

www.meinkleinestagebuch.com

Vanilla, Samstag, 23. August

Das ist Tim. Er ist wirklich cool. Und das ist sein Haus. Wow, sein Garten ist super. So viele Blumen! Und sein Hund heißt Fluffy. Ist der nicht süß!?

B A를 다시 읽고 아래의 표를 완성하세요.

	1격	4격
● 남성	_____ ihr 그녀의 Garten 정원이	seinen 그의 ihren 그녀의 Garten 정원을
● 중성	sein 그의 _____ Zimmer 방이	sein 그의 ihr 그녀의 Zimmer 방을
● 여성	seine 그의 ihre 그녀의 Wohnung 집이	seine 그의 ihre 그녀의 Wohnung 집을
● 복수	seine 그의 _____ Freunde 친구들이	seine 그의 ihre 그녀의 Freunde 친구들을

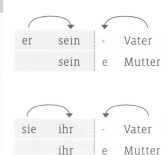

er sein - Vater
sein e Mutter

sie ihr - Vater
ihr e Mutter

C 소유격 대명사에 관하여 읽고 맞는 것에 ✔ 표시하세요.

- *sein*-과 *ihr*-는 ○ 애정 / ○ 소유를 표현합니다. *sein* 그의, *ihr* 그녀의
- *sein*-과 *ihr*-의 단수는 *ein*-와 동일하게 어미 변화합니다.

연습하기

1 남자 ♂ 와 여자 ♀ 중에서 누구에 대해 말하고 있나요? 읽고 성을 표시해 보세요.

1 Wem gehört der Mercedes? – Das ist ihr Auto.　
2 Können Sie mir seine Adresse sagen? – Ja, klar. ....
3 Kommt er heute? – Nein, seine Mutter ist krank. ....
4 Sein Bruder arbeitet auch hier. – Ja, ich weiß. ....
5 Sie braucht das Geld aber! – Ja, sie bekommt ihr Geld auch am Ende des Monats. ....

▶ Adresse *f.* 주소

66

31

2 독일어와 영어 표현 중 뜻이 같은 것을 연결하고 비교해 보세요. 그리고 한국어로 번역해 보세요.

독일어	영어	한국어
Das ist sein Garten.	This is her friend.	_____
ihr Auto.	her car.	_____
ihre Freundin.	his garden.	_____

3 주어진 단어들로 아래의 표를 채워 보세요.

sein Garten   ~~ihr Auto~~   sein Hund   ihr Bruder   ihre Freunde   sein Haus   ~~seine Adresse~~
seine Blumen   seine Eltern   ihr Haus   ihr Freund   ihre Katze

♂			seine Adresse
♀	*ihr Auto*		

4 *sein-*과 *ihr-*를 문맥에 맞게 빈칸에 넣으세요.

Ich kenne ...

1 Ben und *seinen* Hund Karl.   **4** Lena und _____ Freunde.   **7** Eva und _____ Freundin.

2 Tom und _____ Vater.   **5** Max und _____ Mutter.   **8** Emilia und _____ Freund.

3 Emilia und _____ Vater Dave.   **6** Tim und _____ Brüder.

5 칼라에 대한 글을 읽고, *ihr-*의 올바른 형태에 밑줄을 쳐 보세요.

Das ist Carla. Sie ist 38 Jahre alt und verheiratet. (1) *Ihr / Ihre* Mann heißt Tom. (2) *Ihr / Ihre* Schwester lebt und arbeitet in Australien. (3) *Ihr / Ihre* Bruder wohnt in Berlin. (4) *Ihr / Ihre* Haus ist wunderschön. Es ist groß und alt. Und auch (5) *ihr / ihre* Garten ist super. (6) *Ihr / Ihre* Katze heißt Charlie. Sie ist ganz klein und süß.

6 *sein-*의 올바른 형태를 사용하여 마르코에 관한 글을 써 보세요.

Sein Name ist Marco. Er kommt aus Italien.

_____

_____

_____

Name: Marco, aus Italien
wohnt in Köln, Eltern in Neapel
aber Schwester auch in Köln
Frau: Eva, aus Köln
Kinder: Fabiana und Vittoria

7 당신의 친구들 중 한 명을 묘사하여 아래와 같이 세 문장을 만들어 보세요.

Ihre/Seine Kleidung ist cool.

▶ Kleidung *f.* 옷

32 Unser Pool, euer Apartment 우리의 수영장, 너희들의 아파트
소유 관사 3

A 휴가 중에 보낸 메시지입니다. 메시지를 읽고 순서대로 번호를 적어 보세요.

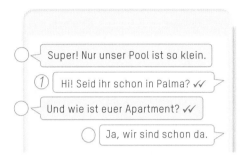

B A를 다시 읽고 아래의 표를 완성하세요.

	1격	4격		
● 남성	.... euer 너희들의 Pool 수영장이	unseren 우리들의 euren 너희들의 Pool 수영장을	wir unser	- Vater
● 중성	unser 우리들의 .... Apartment 아파트가	unser 우리들의 euer 너희들의 Apartment 아파트를	unser	e Mutter
● 여성	unsere 우리들의 eure 너희들의 Küche 부엌이	unsere 우리들의 eure 너희들의 Küche 부엌을	ihr euer	- Vater
● 복수	unsere 우리들의 eure 너희들의 Fahrräder 자전거들이	unsere 우리들의 eure 너희들의 Fahrräder 자전거들을	eur	e Mutter

C 소유 관사에 대해 알아봅시다.

- *unser*-와 *euer*-는 소유를 나타냅니다. *unser* 우리의, *euer* 너희들의 (복수형)
- *euer*는 남성과 중성 명사 앞에서, *euere*는 여성과 복수 명사 앞에서 쓰이는 점을 주의하세요!
- *unser*-와 *euer*-의 단수형은 *ein*-과 동일하게 어미 변화합니다.

1 독일어와 영어의 뜻이 같은 것끼리 연결하고 비교해 보세요. 그리고 한국어로 번역해 보세요.

독일어	영어	한국어
Das ist unser Pool. unsere Terrasse. euer Apartment.	This is your apartment. our swimming pool. our terrace.	

32

2 주어진 단어로 아래의 표를 채워 보세요.

~~unser Haus~~   ~~eure Terrasse~~   euer Apartment   euer Pool   unsere Fahrräder
eure Freunde   unser Garten   unsere Familie

	●	●	●	●
wir		*unser Haus*		
ihr			*eure Terrasse*	

3 다음에서 불필요한 e를 지우세요.

1 euere Terrasse   3 unsere Garage   5 euer Auto
2 euere Autos   4 euere Küche

4 휴가 중에 지낼 곳을 설명하기 위해, *unser*-를 사용하여 문장을 만들어 보세요.

● Garten   ● Haus   ● Terrasse

Das ist unser Garten. _____   _____

5 *unser*-와 *euer*- 중 알맞은 것을 골라 아래의 질문들을 완성하세요.

1 Sind das *unsere* *(wir)* Gläser?   5 Ist das _____ *(wir)* Geld?
2 Ist das *euer* *(ihr)* Taxi?   6 Sind das denn _____ *(wir)* Fahrräder?
3 Was kostet _____ *(ihr)* Wohnung?   7 Wie heißt denn _____ *(ihr)* Lehrer?
4 Wo ist _____ *(ihr)* Garten?   8 Kommt da _____ *(ihr)* Bus?

6 *unser/euer*, *euer/eure* 중 알맞은 것을 골라 빈칸을 채워 보세요.

1 Wie viele Schüler sind in den Kursen hier? – Also, *unser* Kurs hat zwölf Schüler.
2 Wie alt sind eure Kinder? – _____ Kinder sind neun und sieben.
3 Wie war _____ Flug? – Unser Flug war okay.
4 Und wie ist _____ Terrasse? – Unsere Terrasse ist viel zu klein.

7 당신과 당신의 가족이 소유하고 있는 것에 대해 아래와 같이 각각 세 문장씩 만들어 보세요.

Garten   *Unser Garten ist groß.* _____

_____

Freunde   _____

_____

▶ Flug *m.* 비행

33 Dein Team, Ihr Team 너의 팀, 당신의 팀
소유 관사 4

A 아래의 메시지를 읽고 *dein*-과 *Ihr*-에 밑줄을 쳐 보세요.

Hallo Sarah, du hast reserviert. Vielen Dank. <u>Dein</u> Mini steht in der Friedrichstraße 12. Dein AutoDirekt-Team

Sehr geehrter Herr Frank, vielen Dank für Ihre Reservierung. Ihr Zimmer ist fertig. Ihr Team im Hotel Berlin

B A를 다시 읽고 아래의 표를 완성하세요.

	1격	4격				
● 남성	.... Ihr 당신의 Mini 자동차 미니가	deinen 너의 Ihren 당신의 Mini 자동차 미니를	du	dein	-	Vater
● 중성	.... Team 팀이	dein 너의 Ihr 당신의 Team 팀을		dein	e	Mutter
● 여성	deine 너의 Ihre 당신의 Reservierung 예약이	deine 너의 Ihre 당신의 Reservierung 예약을				
● 복수	deine 너의 Ihre 당신의 Schlüssel 열쇠가	deine 너의 Ihre 당신의 Schlüssel 열쇠를	Sie	Ihr	-	Vater
				Ihr	e	Mutter

C 소유 관사에 대해 읽고 옳게 설명한 내용에 ✔ 표시하세요.

- *dein*-과 *Ihr*-는 소유를 나타냅니다: *dein* 너의 (친근한 표현), *Ihr* 당신의 (정중한 표현).
- *dein*-과 *Ihr*-의 단수형은 *ein*-과 동일하게 어미 변화합니다.
- *Ihr*-는 ○ 소문자 / ○ 대문자로 쓰고, 정중한 표현에서 사용됩니다.

1 정중한 👤 표현인가요, 친근한 👤 표현인가요? 주어진 단어들을 배치하여 아래의 표를 채워 보세요.

~~Ihr Team~~ dein Auto Ihr Mini ~~deine Reservierung~~ Ihre Schlüssel deine Freunde dein Ausweis
Ihre Adresse dein Name dein Garten Ihr Lieblingsfilm Ihre Frau Ihre Söhne Ihr Geld
deine Familie dein Fahrrad Ihr Ticket Ihr Beruf

	●	*Ihr Team*	●	●
Sie 👤				
du 👤		*deine Reservierung*		

▶ reservieren 예약하다 | stehen 서 있다 | Reservierung *f.* 예약 | Ausweis *m.* 신분증

33

2 다음을 읽고 정중한 표현에는 *f(formal)*를, 친근한 표현에는 *i(informal)*를 넣어 보세요.

1 Hier ist Ihr Ausweis. – Danke.   *f*

2 Bitte buchstabieren Sie Ihren Namen. – A-B-E-L, Abel.

3 Wo wohnen denn deine Eltern? – In Berlin.

4 Ist das dein Sohn? – Ja, klar.

5 Was ist dein Lieblingsfilm? – Titanic.

6 Was ist Ihr Beruf? – Ich bin IT-Ingenieur.

3 소유 관사에 밑줄을 치고 문장의 내용에 맞는 사진에 기호를 적으세요.

1 *B* Ist das Ihr Auto?

2 _____ Ist das dein Freund?

3 _____ Bitte öffnen Sie Ihren Mund!

4 _____ Deine Schuhe sind cool!

4 다음 질문들을 *Ihr-*와 *dein-*을 넣어 완성하세요.

1 Sie → Ist das *Ihr* Buch?

2 du → Ist das _____ Brille?

3 du → Sind das _____ Kinder?

4 Sie → Ist das _____ Laptop?

5 Sie → Wie ist _____ Name?

6 du → Was ist _____ Beruf?

7 Sie → Wie heißt _____ Katze?

8 du → Sind das _____ Lieblingsfarben?

5 *dein-*을 올바른 4격 형태로 넣어 보세요.

1 ● Auto   Ich finde *dein* Auto super!

2 ● Schlüssel   Sie hat _____ Schlüssel.

3 ● Augen   Ich liebe _____ Augen.

4 ● Wohnung Er findet _____ Wohnung toll.

5 ● Hund   Ich mag _____ Hund!

6 ● Handy   Wir haben _____ Handy.

6 *Ihr-*, *dein-* 중 올바른 형태를 넣어 보세요.

1 *Auf dem Flughafen:* Bitte schön. Und hier ist *Ihr* Ticket. – Vielen Dank.

2 *Zwei Freundinnen:* Und wie heißt _____ Katze? – Lucy.

3 *Zwei Freunde:* Wo wohnen denn _____ Eltern? – In Berlin.

4 *Beim Arzt:* _____ Frau war heute auch hier. – Ja, ich weiß.

5 *Auf dem Arbeitsamt:* Was ist _____ Beruf? – Ich bin Programmierer.

7 다음 내용을 정중하게 표현해 보세요. *Ihr-*를 사용하여 아래와 같이 인적 사항을 묻는 세 개의 질문을 만들어 보세요.

Name   *Wie ist Ihr Name?*

Beruf

Lieblingsfilm

▶ Mund *m.* 입 | öffnen 열다 | Brille *f.* 안경 | Auge *n.* (*pl.* Augen) 눈 | Arbeitsamt *n.* 노동청 | Programmierer *m.* 프로그래머

34 **Ich komme aus Berlin.** 나는 베를린에서 왔어요.

장소 전치사: in, aus, nach

문법 이해하기

A 사진을 보고 알맞은 문장을 골라 아래에 써 보세요.

Ich fahre nach Berlin.   Wir wohnen in Berlin.   ~~Er kommt aus Berlin.~~

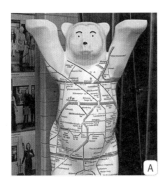

Er kommt aus Berlin.

B 사진을 보고 알맞은 문장을 골라 아래에 써 보세요.

Woher? (어디로부터)	aus ~(으)로부터	Brasilien 브라질 Berlin 베를린 der Schweiz 스위스 den Niederlanden 네덜란드	Wo? (어디를 향해)	in ~에서	Berlin 베를린 Deutschland 독일 den USA 미국	Wohin? (어디로)	nach ~(으)로	Paris 파리 Italien 이탈리아 rechts 오른쪽 Hause 집

C 전치사에 관하여 읽고 아래의 빈칸을 채워 보세요.

● *aus*는 출신에 대해 말할 때 사용됩니다. ＿＿＿＿＿(어디로부터)로 질문합니다.

● *in*은 장소에 대해 이야기하거나 ＿＿＿＿＿(어디를 향해)에 답할 때 사용됩니다.

● *nach*는 ＿＿＿＿＿(어디로)에 답할 때 쓰입니다. 보통 *fahren*(타고 가다), *gehen*(가다), *fliegen*(비행기를 타고 가다) 등의 동사와 함께 사용됩니다.

연 습 하 기

1 전치사 *in*, *aus*, *nach*에 밑줄을 쳐 보세요.

1 Gibt es denn auch Kinos <u>in</u> Heidelberg? – Ja, sicher.
2 Und du, Juan? Woher kommst du? Und wo wohnst du? – Ich komme aus Kuba und wohne jetzt in München.
3 Wohin fahren Sie morgen? – Morgen fahre ich nach Berlin.
4 Wo ist denn Peter? – Er besucht seine Verwandten in Polen.
5 Und wohin muss ich jetzt fahren? – Fahr nach rechts, geradeaus und dann nach links.

▶ rechts 오른쪽의 | fliegen 비행기를 타고 가다 | woher 어디로부터 | Verwandte *m. f.* 친척 | links 왼쪽의

34

2 의문사와 그에 해당하는 답을 찾아 아래와 같이 연결해 보세요.

1 Wo?　　**2** Wohin?　　**3** Woher?

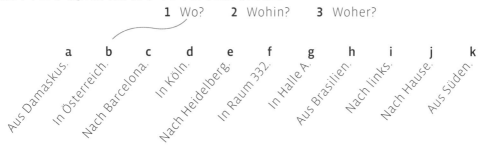

a Aus Damaskus.　b In Österreich.　c Nach Barcelona.　d In Köln.　e Nach Heidelberg.　f In Raum 332.　g In Halle A.　h Aus Brasilien.　i Nach links.　j Nach Hause.　k Aus Süden.

3 독일어와 영어에서 전치사를 찾아 밑줄을 치고 비교해 보세요. 그리고 한국어로 번역해 보세요.

독일어	영어	한국어
Ich wohne <u>in</u> Frankfurt.	I live <u>in</u> Frankfurt.	
Ich komme aus Wien.	I am from Vienna.	
Ich fliege nach Madrid.	I'm flying to Madrid.	

4 공항에 있는 아미라에 대한 이야기입니다. 글을 읽고 알맞은 전치사를 넣어 보세요.

nach　aus　aus　~~in~~　aus　in

Amira ist seit drei Monaten (1) _in_ Berlin. Sie kommt (2) _____ Syrien, (3) _____ Damaskus. Jetzt ist sie am Flughafen und wartet. Ihre Freundin Anna kommt. Aber das Flugzeug (4) _____ München kommt heute später an. Das ist kein Problem. Amira hat Zeit und das Wochenende ist lang. Morgen machen sie einen Ausflug (5) _____ Potsdam. (6) _____ Potsdam ist das Schloss Sanssouci. Das Schloss und der Park sind wunderschön!

5 알맞은 전치사에 밑줄을 쳐 보세요.

1 Wo wohnst du? – _In_ / Aus Köln.
2 Wohin gehen Sie? – Ich gehe jetzt in / nach Hause.
3 Wo studiert denn Emma? – In / Aus Wien.
4 Woher kommt Pamela? – Sie kommt in / aus Argentinien.
5 Wohin fliegen Sie? – In / Nach München.
6 Wo bist du geboren? – In / Aus Italien.
7 Woher kommt der Wind? – In / Aus Osten.
8 Wo ist der Deutschkurs? – In / Aus Raum 118.

6 당신의 가장 친한 친구는 어디에서 왔나요? 그리고 어디에 살고 있나요? 아래와 같이 두 문장을 적어 보세요.

Meine beste Freundin kommt aus Saigon in Vietnam.

▶ Ausflug *m.* 소풍 | Schloss *n.* 성, 궁궐 | Park *m.* 공원 | geboren 태어난 | Raum *m.* 공간

35 Ich wohne auf dem Land. 나는 시골에 살아요.

장소 전치사: auf, in + 3격

A 말풍선의 문장에 해당하는 사진을 찾아 기호를 적으세요.

> **1** _____ Ich wohne in der Stadt.

> **2** _____ Ich wohne auf dem Land.

B A를 다시 읽고 아래의 표를 완성하세요.

Wo? (어디에)		● 남성	auf dem	Tisch	책상 위에
		● 중성	_____	Land	시골 _____
auf + 3격 (~위에)		● 여성	auf der	Straße	도로 위에
		● 복수	auf den	Straßen	도로들 위에

Wo? (어디에)		● 남성	im	Schrank	장 안에
		● 중성	im	Zentrum	중심지 안에
in + 3격 (~안에)		● 여성	_____	Stadt	시내 안에
		● 복수	in den	Städten	도시들 안에

C 전치사 *auf*와 *in*에 관하여 읽고 아래의 빈칸을 채워 보세요.

- *auf*와 *in*은 장소를 나타내는 전치사로 사물이나 사람이 어디에 있는지를 가리키는 전치사입니다.
  auf dem Tisch 탁자 위에, *im Haus* 집 안에

- _____로 시작되는 의문문에 답할 때 *in*과 *auf* 뒤에는 3격 명사를 씁니다. 21과 참조

- *in dem*은 *im*으로 축약해서 쓸 수 있습니다.

1 전치사 *auf*를 사용하여 빈칸을 채워 보세요.

1 Ist der Brief für mich? – Ja, *auf dem Brief* (● Brief) steht dein Name.
2 Wo liegen denn die Schlüssel? – Da hinten, _____ (● Tisch).
3 Was muss ich tun? – _____ (● Formular) finden Sie alles.
4 Wo seid ihr? – Wir sind jetzt _____ (● Marktplatz).
5 Sind die Kinder im Haus? – Nein, sie spielen _____ (● Straße).
6 Wo ist Ben? – Er sitzt im Park _____ (● Bank) und liest.

▶ Brief *m.* 편지

35

2 대화를 알맞게 연결하고 전치사 *in*이 들어 있는 어구에 밑줄을 쳐 보세요.

1 Wo sind Sie?   **a** Ja, gerne. Und wo? Im Parkcafé?
2 Wo ist er?   **b** Er sitzt im Park und liest.
3 Sollen wir uns treffen?   **c** In der Zeitung.
4 Wo haben Sie das gelesen?   **d** Im Büro.

3 아래에서 16개의 단어를 찾아 내어 표시하세요.

(tasche)kinoschuleinternetzugsupermarkthotelapothekestadtstraßehausgartenbettküche
kühlschrankschrank

4 3번의 단어들을 성에 따라 분류하고, '*in* + 3격'을 사용하여 문장을 적어 보세요. 필요한 경우 사전에서 관사를 찾으세요.

Wo?
- _____
- _____
- *in der Tasche*

5 '*in* + 3격' 혹은 '*auf* + 3격'을 사용하여 아래의 빈칸을 채워 보세요.

Ich lebe (1) *in der* Stadt, in München. Ich wohne (2) _____ Schmellerstraße 23, ganz oben
(3) _____ Haus. Manchmal grillen wir (4) _____ Balkon. Heute ist Sonntag und mein Freund Tom
ist hier. Er kommt aus Berlin. Am Sonntag frühstücke ich gerne (5) _____ Bett. Und Tom ist
(6) _____ Küche und macht das Frühstück. Aber er findet nichts und fragt und fragt und
fragt: Du, Nina! Hast du noch Milch? – Ja, sie steht (7) _____ Kühlschrank.
Und die Gläser? Wo stehen die Gläser? – Die Gläser stehen doch (8) _____ Tisch.

6 어디에서 일어난 일인가요? '*in* + 3격'을 사용하여 아래의 빈칸을 채워 보세요.

1 Gestern waren wir *im Kino* (Kino).
2 Das findest du _____ (Internet).
3 Lebensmittel bekommen Sie _____ (Supermarkt).
4 _____ brauchst du deinen Pass (Hotel).
5 Heute früh war er noch _____ (Schule).
6 Dieses Medikament bekommen Sie _____ (Apotheke).

7 당신은 시골 사람인가요, 도시 사람인가요? 그리고 당신의 친구는요? 아래와 같이 세 문장을 만들어 보세요.

Ich wohne in der Stadt.
_____
_____

sitzen 앉아 있다 | Sonntag *m.* 일요일 | Frühstück *n.* 아침 식사 | fragen 질문하다 | Glas *n.* 잔 | Pass *m.* 여권 | Medikament *n.* 약품

E

36 Wir gehen ins Kino. 우리는 영화관에 갑니다.
장소 전치사: in + 4격

문법 이해하기

A 주말 이야기입니다. 내용을 읽고 해당하는 사진의 번호를 적으세요.

1 _C_ Wir fahren in die Stadt.
2 _____ Wir gehen in den Club und feiern.
3 _____ Wir gehen ins Kino.
4 _____ Wir gehen ins Fitness-Studio.

B A를 다시 읽고 아래의 빈칸을 채워 보세요.

Wohin? (어디로) in + 4격 (~ 안으로)			
● 남성	in den	_____	로
● 중성	ins	_____	로
● 여성	in die	Stadt	시내로
● 복수	in die	Berge	산으로

C 전치사 *in*에 관하여 읽고 아래의 빈칸을 채워 보세요.

● *in*은 장소를 나타내는 전치사입니다. *fahren*(타고 가다), *gehen*(가다)과 같은 동사와 함께 쓰이고 _____ (어디로?) 의문문C 답할 때 시용됩니다.
● *in*은 장소의 이동을 나타낼 때 4격 명사와 함께 쓰입니다. 19과 참조 우리말의 '~(으)로'에 해당하는 표현입니다.
● *in das*는 *ins*로 축약해서 쓸 수 있습니다.

연 습 하 기

1 이 사람들은 어디로 가려고 계획 중인가요? 장소에 밑줄을 치고 빈칸을 채워 보세요.

1 Was machen wir? – Wir gehen in den Club und feiern. → _in den Club_
2 Geht ihr heute in die Stadt? – Ja, kommst du mit? → _____
3 Komm, wir gehen ins Restaurant! – Ja, super! → _____
4 Und was machst du heute noch? – Ich gehe in den Park und jogge. → _____

2 가운데 영어에 해당하는 표현을 독일어로 적고 비교한 후, 한국어로 번역하세요.

독일어	영어	한국어
in den Club	to the club	
_____	to the cinema	
_____	to town	

▶ joggen 조깅하다

76

36

3 우리는 어디로 가나요? 명사들을 성에 따라 분류하고, *in*과 관사를 사용하여 아래 표에 정리해 보세요.

- ~~Kino~~ • ~~Kindergarten~~ • Bett • Museum • ~~Schule~~ • Garten • Büro • Universität
- Schwimmbad • Restaurant • Pizzeria • Disco • Park • Dorf • Bad • Café • Kirche
- Hotel • Supermarkt

Wir gehen ...

- *in den Kindergarten*

- *ins Kino*

- *in die Schule*

4 나의 하루에 대한 글입니다. 본문을 읽고 전치사의 알맞은 형태를 찾아 밑줄을 쳐 보세요.

Morgens stehe ich um sieben auf. Ich gehe immer (1) *in den* / *ins* / *in die* Stadtpark und jogge. So bleibe ich fit. Dann gehe ich (2) *in den* / *ins* / *in die* Bad und dusche. Ich frühstücke, höre Musik und lese Zeitung. Um neun bringe ich die Kinder (3) *in den* / *ins* / *in die* Kindergarten. Dann fahre ich (4) *in den* / *ins* / *in die* Büro. In der Mittagspause gehe ich oft (5) *in den* / *ins* / *in die* Supermarkt und kaufe ein. Am Nachmittag gehe ich mit den Kindern (6) *in den* / *ins* / *in das* Park. Am Abend kochen wir, mein Mann und ich. Manchmal gehen wir auch (7) *in den* / *ins* / *in die* Pizzeria hier in der Amalienstraße. Die ist wirklich gut. Um acht bringen wir die Kinder (8) *in den* / *ins* / *in die* Bett. Dann sehen wir fern und lesen.

5 대화를 읽고 빈칸을 채워 보세요.

1 Kommst du mit *ins* Schwimmbad?
 – Ja, gerne.
2 Ich gehe oft _____ Museum. – Ich auch.
3 Wohin fährt er denn? – _____ Schule.
4 Fahren wir _____ Stadt? – Ja, später.
5 Carla geht schon _____ Kindergarten.
 – Wirklich!

6 So, du gehst jetzt _____ Bett! – Nein, ich möchte noch fernsehen.
7 Ich gehe jetzt _____ Supermarkt. Brauchst du noch was? – Ja, kauf bitte Butter und Milch!
8 Geht Ben schon _____ Schule? – Ja, er ist doch schon sieben.

6 여러분은 주말에 보통 어디에 가나요? 전치사 in을 사용하여 아래와 같이 세 문장을 만들어 보세요.

Ich gehe ins Schwimmbad.

Museum *n.* 박물관 | **Universität** *f.* 대학 | **Schwimmbad** *n.* 수영장 | **Pizzeria** *f.* 피자 가게 | **Dorf** *n.* 마을 | **Bad** *n.* 욕실 | **Supermarkt** *m.* 슈퍼

37 **Sie ist beim Training.** 그녀는 운동하고 있어요.

장소 전치사: bei, zu + 3격

A 아래의 메시지를 읽고 전치사 *bei*, *beim*, *zum*에 밑줄을 쳐 보세요.

> Wo bist du? 16:30

> Ich bin <u>beim</u> Training. 16:31 ✓✓

> Wollen wir einen Kaffee bei Fillipo trinken? 16:33

> Ja, gerne! Ich muss aber noch zum Friseur. 16:34 ✓✓

> Gut. Also um sechs bei Fillipo! 16:36

> OK. 16:37 ✓✓

B A를 다시 읽고 아래의 빈칸을 채워 보세요.

Wo? (어디에)	bei ● 人 + 3격 (~사람 옆에)	● 남성	beim	Arzt	진료실에서
		● 중성	....	Training	운동하면서
		● 여성	bei der	Polizei	경찰서에서
		● 복수	bei den	Nachbarn	이웃들의 집에서

Wohin? (어디로)	zu → 人 + 3격 (~사람에게로)	● 남성	....	Friseur	미용실로
		● 중성	zum	Training	운동하러
		● 여성	zur	Schule	학교로
		● 복수	zu den	Freunden	친구들에게로

그러나 사람 이름 앞에서는 관사를 사용하지 않습니다.

Ich arbeite bei　Siemens
나는 지멘스에서 일합니다.

Wir sind bei　　Fillipo.
우리는 필립포 집에 있습니다.

C 전치사 *bei*와 *zu*에 대해 알아봅시다.

- *bei*는 장소를 나타내는 전치사입니다.　*beim Arzt* 진료실에서
- *bei*는 *Wo* (어디에?) 의문문에 답할 때 사용됩니다.
- *bei dem*의 축약형은 *beim* (*beim Training*)입니다.
- *zu*는 장소를 나타내는 전치사입니다.　*zum Arzt* 진료실로
- *zu*는 *Wohin* (어디로?) 의문문에 답할 때 사용됩니다.
- *zu dem*은 *zum* (*zum Arzt*), *zu der*는 *zur* (*zur Schule*)로 축약해서 쓸 수 있습니다.
- *bei*와 *zu* 뒤에는 3격 명사가 옵니다. 21과 참조

1 대화를 알맞게 연결하고 전치사 *bei*와 *zu*를 찾아 밑줄을 쳐 보세요.

1 Ist er <u>beim</u> Training?　　　　　　a Ich muss noch zum Arzt.
2 Wohin gehst du?　　　　　　　　　b Ja, er ist im Studio.
3 Wo arbeitet sie?　　　　　　　　　c Bei der Polizei.

▶ trinken 마시다 | Friseur *m.* 미용사 | Polizei *f.* 경찰

37

2 독일어와 영어 문장에서 전치사에 밑줄 친 후 비교해 보고, 한국어로 번역하세요.

독일어	Ich gehe <u>zum</u> Arzt.	Er ist beim Arzt.
영어	I go <u>to</u> the doctor's.	He's at the doctor's.
한국어		

3 전치사와 명사를 서로 연결하세요.

1 bei   **2** beim   **3** bei der

a Arzt   **b** Mercedes   **c** Polizei   **d** Microsoft   **e** Friseur   **f** Mario

4 알맞은 전치사구를 찾아 빈칸을 채워 보세요.

~~bei Tina~~   bei der Post   beim Arzt   bei Familie Müller

1 Wo wohnst du denn jetzt? – Ich wohne jetzt *bei Tina* .
2 Kaufst du bitte Briefmarken _____? – Ja, gerne.
3 Hat sie eine Wohnung? – Nein, sie hat ein Zimmer _____.
4 Geht's dir nicht gut? – Nein, ich bin _____.

5 전치사와 명사를 서로 연결하고, 아래에 전치사 구를 적어 보세요.

zum	● ~~Arzt~~ ● Bahnhof ● Bäckerei	● Doktor ● Post ● Schule	● ~~Arbeit~~ ● Flughafen ● Geschäft	zur

zum Arzt, zur Arbeit,

6 *zum*, *zur* 중 올바른 형태를 골라 밑줄을 쳐 보세요.

1 Ist das weit? – Nein, <u>zum</u> / zur Bahnhof ist es nicht weit.
2 Haben Sie Zeit? – Nein, ich muss jetzt zum / zur Arbeit.
3 Ist deine Tochter krank? – Ja, wir müssen sie zum / zur Arzt bringen.
4 Kannst du mich zum / zur Flughafen bringen? – Ja, klar.
5 Wir brauchen Brot. – Ja, ich gehe schnell zum / zur Bäckerei.
6 Kommst du? – Ja, ich muss noch schnell zum / zur Post, dann komme ich.

7 오늘 당신은 어디로 가야 하나요? 아래의 장소 외에 다른 장소를 하나 더 선택하여 아래와 같이 적어 보세요.

● Supermarkt / ● Post   *Ich muss noch zum Supermarkt. Dann muss ich*

▶ **Briefmarke** *f.* 우표 | **Post** *f.* 우체국 | **weit** 먼

38 Ich komme um 20 Uhr. 나는 8시에 와요.

시간 전치사: um, an, in + 3격

문법 이해하기

A 행사 진행표를 읽고 전치사를 찾아 밑줄을 쳐 보세요.

Events im Juli
• • • • • • • • • • • • •

@ P1 – Feiern, Tanzen
Am Freitag um 20 Uhr

• •

Charles Hotel –
Jazz im Sommer

Am Samstag um 10 Uhr
• • • • • • • • • • • • • • •

B A를 다시 읽고 위에 적힌 날짜를 참고하여 빈칸을 채워 보세요.

Wann? (언제)	um	sieben Uhr 15.30 Uhr	7시에 15시 30분에
	an am	Feiertagen ersten Januar _____ Samstag Wochenende Morgen	공휴일에 1월1일에 토요일에 수말에 아침에
	in im	den Ferien _____ März, Juli	방학에 _____ 3월에, 7월에

C 시간 전치사에 관하여 읽고 아래의 빈칸을 채워 보세요.

• *um*은 정확한 시간을 표현할 때 사용됩니다.

• *am*은 날짜, 하루 시간, 주말 등을 나타낼 때 사용됩니다.

• *im*은 월이나 계절 앞에서 쓰입니다.

• *um, am, im*은 _____ 때 *wann*(언제?)를 묻는 질문에 답할 때 사용됩니다.

연 습 하 기

1 다음을 읽고 전치사를 찾아 밑줄을 쳐 보세요.

1 Wann hast du Geburtstag? – Im Mai.
2 Wann fährt er denn nach Hause? – Am Wochenende.
3 Wann kommt sie? – Um sieben Uhr.

▶ Juli *m.* 7월 | Samstag *m.* 토요일 | Feiertag *m.* 공휴일 | Januar *m.* 1월 | Ferien *pl.* 방학 | März *m.* 3월 | Mai *m.* 5월

38

2 독일어와 영어의 전치사구를 알맞게 연결하고 비교해 보세요. 그리고 한국어로 번역하세요.

um zehn Uhr   am Montag   ~~im Winter~~

독일어	영어	한국어
im Winter	in winter	
	at ten o'clock	
	on Monday	

3 언제 음악회가 있나요? 다음의 표현을 이용하여 아래의 표를 채워 보세요.

~~Wochenende~~   zweiten September   Mai   22 Uhr   Winter   halb drei   Abend   Oktober   Morgen
Viertel vor eins   Nachmittag

am	*Wochenende*
um	
im	

4 아래의 대화를 읽고 문맥에 맞는 전치사를 넣어 보세요.

um   ~~am~~   am   um   am   um   am

◆ Was meinst du? Gehen wir (1) *am* Samstag ins Fitness-Studio?
◎ Klar! Wann ist das Studio denn geöffnet?
◆ (2) _____ Vormittag. Wir können so (3) _____ zehn Uhr frühstücken und dann trainieren.
◎ Okay. Super! Und wann ist das Konzert?
◆ (4) _____ Nachmittag. (5) _____ fünfzehn Uhr. Ich freue mich schon.
◎ Ich auch. Und (6) _____ Abend treffen wir dann Emilie und Sophie im Bella Italia. Ja?
◆ Gute Idee. So (7) _____ acht?
◎ Ja, ich reserviere einen Tisch.

5 시간 전치사를 활용하여 빈칸을 채워 보세요.

1 Wann hast du Geburtstag?
  – *Am* zweiten Januar.
2 Wann fährst du wieder nach Berlin?
  – _____ Sommer.
3 Wann kommt denn dein Vater? – _____ Freitag.

4 Wann ist die Praxis geöffnet?
  – Nur _____ Vormittag.
5 Wann kommt der Zug in Berlin an?
  – _____ 19.30 Uhr.

6 이번 주 당신의 스케줄과 관련된 세 문장을 아래와 같이 써 보세요.

Am Montag um 18 Uhr

▶ Montag *m.* 월요일 | September *m.* 9월 | Oktober *m.* 10월 | meinen 생각하다 | Konzert *n.* 콘서트 | freuen 기뻐하다 | Idee *f.* 생각, 아이디어 |
reservieren 예약하다 | Freitag *m.* 금요일 | Praxis *f.* 개인 병원 | ankommen 도착하다

39 Vor dem Spiel. 경기 전

시간 전치사: vor, nach + 3격

A 아래 문장을 읽고 해당하는 사진의 번호를 넣으세요. 그리고 전치사 *vor*와 *nach*에 밑줄을 쳐 보세요.

Das ist unser Team ...
   vor dem Spiel! ....
   nach dem Spiel! ....

B A를 다시 읽고 아래의 표를 완성하세요.

Wann? (언제) vor + 3격 (~ 전에)	├──×──┤	● 남성	vor dem	Kurs	코스(강좌) 전에
		● 중성	....	Spiel	경기 전에
		● 여성	vor der	Party	파티 전에
		● 복수	vor den	Konzerten	콘서트 전에

Wann? (언제) nach + 3격 (~ 후에)	├──×──┤	● 남성	nach dem	Kurs	코스 후에
		● 중성	....	Spiel	경기 후에
		● 여성	nach der	Party	파티 후에
		● 복수	nach den	Konzerten	콘서트 후에

몇 시인지 (시각을) 나타낼 때 명사는 관사 없이 씁니다.

Wann? – Um Viertel vor sieben. 언제? – 7시 15분 전에.
Wie spät ist es? – Es ist Viertel nach sieben. 몇 시지? – 7시 15분.

C 전치사 *vor*와 *nach*에 알아봅시다.

- *vor*와 *nach*는 시간을 나타내는 전치사이다. '*wann* (언제)'라는 의문문에 대한 답을 할 때 쓰입니다.
- *vor*는 어떤 사건 이전의 시점을 나타낼 때 씁니다.
- *nach*는 어떤 사건 이후의 시점을 나타낼 때 씁니다.
- *vor*와 *nach*는 명사의 3격을 취합니다. 21과 참조

1 다음을 읽고 전치사 *vor*와 *nach*에 밑줄을 쳐 보세요.

1 Wann kommt sie? – <u>Nach</u> dem Essen.
2 Wann soll ich kommen? – Komm bitte vor zehn Uhr!
3 Gehen wir auch ins Café? – Ja, klar. Vor dem Konzert.
4 Musst du noch lernen? – Ja, das mache ich nach dem Essen.
5 Kann ich später noch einmal anrufen? – Ja, aber bitte nicht nach 23 Uhr.

▶ Spiel *n.* 게임, 경기

39

2 다음 구문을 읽고 행사 이전 ├──×──┤ 인지 행사 이후 ├──×──┤ 인지를 확인하여 올바른 쪽에 동그라미 하세요.

1 vor dem Ausflug
2 nach dem Frühstück
3 vor der Hochzeit
4 nach dem Flug
5 nach dem Englischkurs
6 vor der Pause
7 nach dem Sport
8 vor dem Termin
9 vor dem Test

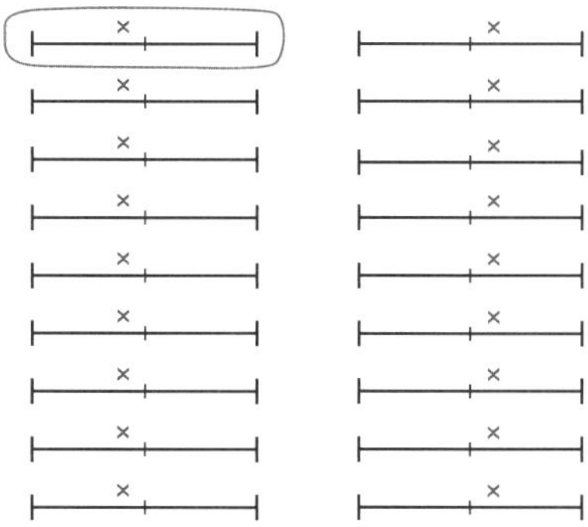

3 괄호의 내용을 보고 질문에 맞게 답을 적으세요.

1 Wann kommt er denn? (nach / ● Kurs) *Nach dem Kurs.*
2 Wann trainieren wir? (vor / ● Essen)
3 Und wann geht sie? (nach / ● Film)
4 Wann kommen sie in den Kurs? (nach / ● Ferien)
5 Wann kaufst du ein? (nach / ● Arbeit)
6 Wann duschst du? (vor / ● Frühstück)
7 Wann lernst du? (vor / ● Prüfung)
8 Wann gehen wir ins Café? (nach / ● Deutschkurs)

4 *dem*, *der* 중 문맥에 맞게 아래의 빈칸을 채워 보세요.

1 Und wann feiert ihr? – Nach *der* Prüfung.
2 Wann kommen denn die Nachrichten? – Vor ____ Film.
3 Und wann lernst du? – Morgen früh vor ____ Test.
4 Vor ____ Abflug rufe ich an. – Okay.
5 Schreiben wir ein Diktat? – Ja, vor ____ Pause.
6 Hast du einen Termin? – Ja, aber nach ____ Termin können wir sprechen.

5 지금 몇 시인가요? *vor*와 *nach*를 사용하여 문장을 만들어 보세요.

9:45 Uhr *Es ist Viertel vor zehn.* 17:40 Uhr
10:15 Uhr 23:55 Uhr
18:20 Uhr 00:05 Uhr

6 당신은 독일어 수업 전이나 후에 보통 무엇을 하나요? *vor*와 *nach*를 사용하여 아래와 같이 두 문장을 써 보세요.

Vor dem Deutschkurs lerne ich.

▶ Hochzeit *f.* 결혼식 | Termin *m.* 시간 약속 | Nachricht *f.* 뉴스 | Abflug *m.* 비행기 출발 | Diktat *n.* 받아쓰기

40 Ich fahre mit dem Bus. 나는 버스를 타고 가요.

방법 전치사: mit + 3격

A 온실가스 발생을 줄이기 위한 방법에는 어떤 것이 있을까요? 다음을 읽고 알맞은 표정을 넣으세요.

Test – CO$_2$ und du!

☺ Ich fahre gerne mit dem Fahrrad.

⋯⋯ Ich fahre immer mit der U-Bahn.

⋯⋯ Ich fahre mit dem Taxi.

⋯⋯ Ich fahre oft mit dem Bus.

⋯⋯ Ich fahre immer mit dem Auto.

B A를 다시 읽고 전치사 *mit*에 밑줄을 쳐 보세요.
그리고 오른쪽 표를 완성하세요.

Wie? (어떻게) mit + 3격 (~을/를 타고)			
● 남성		Bus	버스
● 중성		Auto	자동차
● 여성	mit der	U-Bahn	지하철을 타고
● 복수	mit den	Fahrrädern	자전거들을 타고

C 전치사 *mit*에 관하여 읽고 빈칸을 채워 보세요.

● *mit*는 ⋯⋯⋯⋯(어떻게?)가 쓰인 의문문에 대한 답에 자주 쓰이는 전치사입니다.

● *mit*는 교통수단을 말할 때 사용됩니다.

● *mit* 뒤에는 3격 명사가 옵니다. 21과 참조

1 대화들을 알맞은 것끼리 서로 연결해 보세요.

1 Kommst du mit dem Auto in die Stadt?   a Nein, das ist zu teuer. Ich fahre mit dem Bus.

2 Ich fahre gerne mit der S-Bahn.   b Ja, ich auch. Man kann lesen und arbeiten.

3 Ich fahre immer mit dem Fahrrad ins Büro.   c Nein, da kann man doch nicht parken.

4 Nimmst du ein Taxi?   d Ich auch. So bleibe ich fit.

5 Und wie kommst du nach Hause?   e Ich fahre mit der U-Bahn.

2 *mit* 전치사 구로 아래와 같이 빈칸을 채워 보세요.

1
Ich fahre *mit dem Zug.* (● Zug)
Ich fahre ⋯⋯⋯⋯⋯⋯ (● Bus)

3
Ich fahre *mit dem Fahrrad.* (● Fahrrad)
Ich fahre ⋯⋯⋯⋯⋯⋯ (● Taxi)

2
Ich fahre *mit der U-Bahn.* (● U-Bahn)
Ich fahre ⋯⋯⋯⋯⋯⋯ (● Straßenbahn)

40

3 영어로 된 포스터를 보고 독일어로 포스터를 완성한 후 한국어로 번역해 보세요.

독일어	영어	한국어
BLEIB RUHIG UND FAHR _____	KEEP CALM AND TAKE THE BUS	

4 아래의 메시지를 읽고 올바른 관사를 골라 밑줄을 쳐 보세요.

www.verkehrsmittel.de/forum

Hallo, ich heiße Carla. Ich wohne in Hamburg und studiere Medizin. Ich brauche kein Auto. Ich fahre mit (1) *dem / der* U-Bahn oder mit (2) *dem / der* Bus. Die Universität ist nicht weit.

Hi, mein Name ist Ben. Ich komme aus München und wohne in der Stadt. Ich fahre immer mit (3) *dem / der* Fahrrad ins Büro. Das ist in München kein Problem. So bleibe ich fit.

Hallo, ich bin Stephanie. Ich wohne auf dem Land und habe ein Auto. Also, hier braucht man ein Auto. Ich fahre mit (4) *dem / der* Auto ins Fitness-Studio, in die Stadt und ins Büro.

5 다비드와 친구들은 파티 중입니다. 그들은 어떻게 집으로 갈까요? 그림을 보고 문장을 만들어 보세요.

1 *David fährt mit dem Bus.* .... David
2 .... Tom
3 .... Emma
4 .... Emilia
5 .... Paula
6 .... Lee

6 당신은 일터로, 운동 센터로, 혹은 시내 등으로 어떻게 이동하나요? 아래와 같이 세 문장을 만들어 보세요.

Ich fahre mit dem Fahrrad in die Stadt.

....

▶ ruhig 조용한, 고요한 | Medizin *f.* 의학

41 Wie heißt du? 너는 이름이 뭐야?

W- 의문문

A 다음 화면을 보세요. 여러분은 이 스타들을 알고 있나요? 왼쪽에서 이름을 찾고 빈칸을 채워 보세요.

Angelina
Vettel
Jolie
Sebastian

www.quizapp.de

Promi-Quiz   Level 1

Wer ist das?
Wie heißt er?
Woher kommt er?
Wo wohnt er?

Tipp 1: Formel-1-Pilot aus Deutschland
Tipp 2: Trainer aus Barcelona

www.quizapp.de

Promi-Quiz   Level 1

Wer ist das?
Wie heißt sie?
Woher kommt sie?
Wo wohnt sie?

Tipp 1: Schauspielerin aus den USA
Tipp 2: Model aus Paris

B A를 다시 읽고 빈칸에 알맞은 의문사를 넣어 보세요.

	2		
Was	ist	das?	이것은 무엇인가요?
Wer	ist	das?	이 사람은 누구인가요?
	heißt	er?	그는 어떻게 불립니까 (그의 이름은 무엇인가요)?
	kommt	sie?	그녀는 어디 출신입니까?

	2		
Wohin	fahren	Sie?	당신은 어디로 갑니까?
	wohnt	er?	그는 어디에 삽니까?
Wann	kommen	Sie?	당신은 언제 옵니까?

C 의문문에 대해 알아봅시다.

● 독일어 의문문에는 두 가지 유형이 있습니다.: *W-* 의문문(*W*로 시작하는 의문사가 있는 의문문) 과 *Ja-/Nein-* 의문문(의문사가 없는 의문문), 이렇게 두 가지가 있습니다. 42과 참조

● *W-* 의문문은 열린 의문문이라고도 하는데, 답에 질문에 대한 정보가 들어 있어야 하기 때문입니다. 즉, '네', '아니요'만으로는 답이 충분하지 않은 의문문입니다. 대표적인 의문사는 아래와 같습니다.

was 무엇   *wer* 누가   *wie* 어떻게   *woher* 어디로부터
wohin 어디를 향해   *wo* 어디에   *wann* 언제

● *W-* 의문문은 의문사로 시작하고 동사는 항상 의문사 뒤, 문장의 2번째 자리에 위치합니다.

1 아래 빈칸에 알맞은 의문사를 넣으세요.

1 *Wie* heißt er? – Ben Schuster.
2 ＿＿＿ ist das? – Das ist eine Uhr.
3 ＿＿＿ bist du geboren? – Am 23. Januar 1992.
4 ＿＿＿ wohnt sie? – In Köln.
5 ＿＿＿ fahren wir? – Nach Berlin.
6 ＿＿＿ kommt Carla? – Aus der Schwei.

▶ Pilot *m.* 파일럿

41

2 독일어와 영어의 의문사를 연결하고 한국어로 번역하세요.

독일어	영어	한국어
Woher?	who	....
Wie?	where	....
Wer?	where ... from	....
Wo?	how	....

3 도미노 게임을 해 보세요. 아래의 카드를 이용하여 올바른 질문들을 만들어 보세요.

du geboren?	~~Wie~~

wir?	Woher kommst

Sie?	Was

das?	Wann bist

~~heißen Sie?~~	Wo wohnen

ist das?	Wohin fahren

du?	Wer ist

Wie heißen Sie?

....

4 아래의 주어진 표현을 이용해서 표를 완성하세요.

~~Wo ist die Küche?~~   Woher kommt Emma?
Wie heißt die Straße?   Wann kommst du?
Wohin fliegt ihr?   Was kostet der Schinken?
Wer hat kein Buch?

	2	
Wo	*ist*	*die Küche?*

5 여러분의 대학 친구 중 한 명에게 묻고 싶은 질문 5개를 아래와 같이 만들어 보세요.

Woher kommst du?

....

....

....

....

42 Ist die Wohnung noch frei? 이 집은 아직 비어 있나요?
Ja-/Nein- 의문문

A 여러분은 아파트를 임대하여 살려고 합니다. 실제로 부동산 중개인과 대화를 할 때 필요한 질문에 ✔ 표시하세요.

☑ Ist die Wohnung noch frei?
○ Hat die Wohnung einen Balkon?
○ Können Sie die Datei öffnen?
○ Ist die Wohnung möbliert?

B A를 다시 읽고 아래의 표를 완성하세요.

	2				응답		
Sie	ist		noch frei.				그것은 아직 비어 있습니다.
	Ist	sie	noch frei?	Ja.	☺		그것은 아직 비어 있나요? – 예.
Sie	hat		einen Balkon.				그것은 발코니를 가지고 있습니다.
	....	sie	einen Balkon?	Nein.	☹		그것은 발코니를 가지고 있나요? – 아니요.

C 의문문에 대해 알아봅시다.

● 독일어의 의문문은 W- 의문문 41과 참조 과 Ja-/Nein- 의문문 두 가지가 있습니다.

● Ja-/Nein- 의문문은 닫힌 의문문이라 불리고, 질문에 먼저 '네', '아니요'로 답해야 합니다.

● Ja-/Nein- 의문문은 동사로 시작하고, 주어는 동사 뒤에 위치합니다.

1 ja나 nein으로 빈칸을 채워 보세요.

1 Ist die Wohnung im Zentrum? – _Ja_, sie ist nicht weit vom Marktplatz.
2 Suchen Sie ein Haus in der Stadt? – _____, wir suchen ein Haus auf dem Land.
3 Ist dein Büro weit von hier? – _____, ich bin in zehn Minuten im Büro.
4 Gibt es eine Schule in der Nähe? – _____, sie ist hier in der Straße.

2 질문에 알맞은 답을 찾아 연결하세요.

1 Sind Sie Frau Müller?   **a** Nein, ich spiele Gitarre.
2 Lernen Sie Deutsch?   **b** Ja, mein Name ist Lisa Müller.
3 Spielen Sie Klavier?   **c** Nein, aber ich gehe gerne ins Kino.
4 Gehen Sie gerne ins Theater?   **d** Ja, ich lerne Deutsch und Englisch.

▶ **Balkon** m. 발코니 | **Datei** f. 자료 | **möbliert** 가구가 비치된 | **Nähe** f. 근처 | **Klavier** n. 피아노

42

3 아래에 주어진 표현으로 표를 채워 보세요.

~~Die Wohnung ist hell und ruhig.~~ ~~Hat das Haus WLAN?~~ Wie heißt denn die Straße?
Ist das Haus nicht teuer? Das Apartment ist nicht möbliert.

	2		
Die Wohnung	*ist*		*hell und ruhig.*
	Hat	*das Haus*	*WLAN?*

4 주어진 단어들을 바르게 배열하여 아래와 같이 의문문을 만들어 보세요.

1 Möchten / meine E-Mail-Adresse? / Sie   *Möchten Sie meine E-Mail-Adresse?*
2 du / Wohnst / in Berlin?
3 sie / Hat / denn eine Wohnung?
4 die U-Bahn-Station / Ist / in der Nähe?

5 주어진 단어들을 바르게 배열하여 의문문을 만들고 *ja*(☺)나 *nein*(☹)으로 답하세요.

1 *Ist das Apartment noch frei?*   – *Ja* (☺), es ist noch frei.
Ist / noch frei? / das Apartment

2   – _____ (☺), Deutsch und Englisch.
Sie / Sprechen / Deutsch?

3   – _____ (☹), leider nicht.
Hat / einen Balkon? / die Wohnung

4   – _____ (☹), in Berlin.
Frankfurt? / in / Wohnen / Sie

6 공이 어디로 들어가야 할지 바르게 연결해 보세요.

1 Tim ___ ein Auto?   ⚽ sind
2 Wo ___ Lisa ___ ?   ⚽ hat
3 Tim und Lisa Freunde ___ ?   ⚽ wohnt   ⚽ kommt
4 Woher ___ Lisas Familie?

7 실제로 부동산 전문가에게 이메일로 여러분이 관심을 가지고 있는 아파트에 대해 아래와 같이 질문해 보세요.

Ist die Wohnung möbliert?

▶ Station *f.* 역

43 Morgen fahre ich nach Paris. 내일 나는 파리로 갑니다.
본동사의 위치

A 세상은 좁습니다. 다음 글을 읽고 아래에서 동사를 찾아 밑줄을 쳐 보세요.

www.travelersblog.at

Gestern <u>war</u> ich in Rom.

Heute bin ich in Wien.

Morgen fahre ich nach Paris.

B A를 다시 읽고 빈칸에 동사를 넣어 표를 완성하세요.

	2			
Ich	war		gestern in Rom.	나는 어제 로마에 있었습니다.

	2			
Gestern	war	ich	in Rom.	어제 나는 로마에 있었습니다.
Heute	___	ich	in Wien.	오늘 나는 빈에 _____.
Morgen	___	ich	nach Paris.	내일 나는 파리로 _____.

C 독일어 문장의 구조에 대해 알아봅시다.

- 독일어 문장 기본 구조는 맨 처음에 주어, 그다음에 동사가 옵니다.
- 경우에 따라 문장 맨 앞에 시간의 부사가 올 수 있습니다. *heute*(오늘), *manchmal*(때때로), *im Sommer*(여름에), *am Montag*(월요일에) 등
- 시간의 부사가 문장 맨 앞에 오면 주어는 동사 뒤로 갑니다.
- 동사는 항상 문장에서 두 번째 위치에 놓이며, 주어 앞이나 주어 뒤에 옵니다.

1 아흐메트의 하루를 읽고 동사를 찾아 밑줄을 쳐 보세요.

Achmeds Tag
Heute <u>hat</u> Achmed Deutschkurs. Am Nachmittag geht er in die Stadt. Er trifft Freunde. Dann gehen sie ins Café. Sie trinken Tee oder Kaffee. Am Abend spielen sie Fußball.

43

2 1번의 글을 보고 아래의 빈칸을 채워 보세요.

Heute	2 hat	Achmed	Deutschkurs.

3 왼쪽의 문장을 아래와 같이 다시 써 보세요.

1 Ben hat heute Schule.   *Heute hat Ben Schule.*

2 Er frühstückt um sieben Uhr.

3 Er nimmt dann den Bus.

4 Er trifft am Nachmittag seine Freundin.

5 Er geht später ins Fitness-Studio.

4 나의 일주일 계획입니다. 달력을 보고 아래와 같이 문장을 만들어 보세요.

Montag	Dienstag	Mittwoch	Donnerstag	Freitag
Tennis spielen mit Boris	Kaffee trinken mit Emma	Gitarre spielen mit Frank	Pizza essen mit Luisa	Musik hören mit Tina

Am Montag spiele ich Tennis mit Boris.

5 어떤 문장이 잘못되었나요? 아래 문장을 잘 읽고 틀린 문장에 ✔ 표시하고, 바르게 고쳐 보세요.

✔ **1** Gestern Anna und Ben waren hier.   *Gestern waren Anna und Ben hier.*

○ **2** Im Sommer gehe ich gerne ins Café.

○ **3** Um 12 Uhr wir machen Pause.

○ **4** Am Wochenende Maria gerne
     im Bett frühstückt.

6 여러분의 하루 일과는 어떻습니까? 아래와 같이 시간 부사로 시작하는 세 문장을 만들어 보세요.

Am Morgen gehe ich

▶ Gitarre *f.* 기타

44 Ich will jetzt Deutsch lernen. 나는 독일어를 배울 거야.
문장 구조

A 아래의 메시지를 읽고 아래의 예처럼 서로 연결해 보세요.

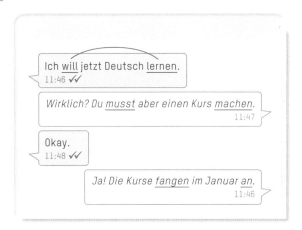

Ich will jetzt Deutsch lernen.
11:46 ✓✓

Wirklich? Du musst aber einen Kurs machen.
11:47

Okay.
11:48 ✓✓

Ja! Die Kurse fangen im Januar an.
11:46

B A를 다시 읽고 아래의 표를 완성해 보세요.

		2		문장 맨 뒤	
분리 동사	Die Kurse	fangen	im Januar	an.	그 강좌들은 1월에 시작합니다.
화법 조동사	Ich Du	will	Deutsch einen Kurs	lernen.	나는 독일어를 배울 겁니다. 너는 한 강좌를 ____.
현재 완료	Er Tim	hat ist	Deutsch Fahrrad	gelernt. gefahren.	그는 독일어를 배웠다. 팀은 자전거를 탔다.

C 독일어 문장의 구조에 대해 알아봅시다.

독일어 문장은 동사의 일부분이 문장의 맨 마지막에 놓이고, 그로 인해 동사가 문장을 감싸는 독특한 구조로 쓰입니다.

● 분리 동사: 분리되는 부분이 문장 맨 뒤로 이동합니다. 예를 들어 *an fangen* 의 *an*이 문장 맨 뒤로 이동합니다.

● 화법 조동사: 본동사의 원형이 문장 맨 뒤로 이동합니다.

● 현재 완료: 과거 분사가 문장 맨 뒤로 이동합니다.

1 내용이 맞는 대화들을 서로 연결하고 분리 동사에 밑줄 쳐 보세요.

1 Also, das Hotel sieht nett aus.
2 Heute Abend rufe ich dich an.
3 Mach bitte das Licht aus! Ich möchte schlafen.
4 Wo steigen Sie aus?

a Ja, gerne. Gute Nacht.
b Ja, es ist auch super!
c Am Potsdamer Platz.
d Okay. Bis später.

▶ aussehen ~게 보이다

44

2 본동사의 원형이 문장에서 잘못된 곳에 놓여 있습니다. 본동사를 문장에서 지우고 문장의 맨 마지막으로 옮겨 보세요.

1 Was wollen ~~machen~~ wir heute Abend *machen* ?
2 Ich möchte gehen gerne ins Kino _____ .
3 Ich kann kommen leider nicht _____ .
4 Mein Vater muss gehen jetzt _____ .
5 Kann ich benutzen dein Handy _____ ?
6 Ich muss einkaufen noch _____ .

3 공이 어디로 가야하는지 알맞은 곳에 연결해 보세요.

1 Wir haben ⚽ ein Taxi ⚽ .   ⚽ bestellt
2 Gestern ⚽ wir ⚽ einen Ausflug gemacht.   ⚽ haben
3 Am Vormittag habe ⚽ ich Deutsch ⚽ .   ⚽ gelernt
4 Ist sie ⚽ mit dem Auto ⚽ ?   ⚽ gekommen
5 Am Wochenende ⚽ wir Fahrrad ⚽ gefahren.   ⚽ sind

4 다음에서 각 문장의 마지막 단어 뒤를 끊어서, 표 안에 각 문장을 구조에 맞게 써 보세요.

MEINDEUTSCHKURSFÄNGTHEUTEAN | GESTERNHABEICHDIEBÜCHERGEKAUFTMEINEFREUNDIN
EMILYKANNLEIDERNICHTKOMMENSIEISTKRANKICHHABEDENLEHRERSCHONGESEHENERSIEHT
SEHRNETTAUSNACHDEMKURSMUSSICHNOCHEINKAUFENDANNGEHEICHGLEICHNACHHAUSE

		2		문장 맨 뒤
1	Mein Deutschkurs	fängt	heute	an.
2				
3				
4				
5				
6				
7				
8				

5 당신이 어제 했던 일에 관하여 아래와 같이 세 문장을 만들어 보세요.

Gestern habe ich mit Antonia Kaffee getrunken.

➡ benutzen 이용하다

45 **Ich komme nicht.** 나는 오지 않을 거예요.

부정어 nicht

A 다음 시를 읽고 *nicht*를 찾아 밑줄을 쳐 보세요.

Nein, mein Tag ist das nicht!

👎 Wo ist denn die Sonne? Sie scheint leider <u>nicht</u>.

👎 Wo ist denn die U-Bahn? Sie fährt leider nicht.

👎 Was sagt denn der Chef? Mehr Arbeit und Stress,
aber mehr Geld zahlt er nicht.

👎 In der Kantine? Pommes sind aus, und Fisch mag ich nicht.

👎 Und wo ist mein Freund? Der kommt heute nicht.

B A를 다시 읽고 빈칸을 채워 보세요.

Die Sonne scheint leider nicht.	태양은 아쉽지만 비치지 않는다.
Die U-Bahn fährt leider ＿＿＿＿＿.	지하철은 아쉽지만 다니지 않는다.
Mein Freund kommt heute nicht.	나의 친구는 오늘 오지 않는다.
Ich kann dir nicht helfen.	나는 너를 도와 줄 수 없다.
Er ist nicht glücklich.	그는 행복하지 않다.
Das finden wir nicht gut.	우리는 그것이 좋지 않다 생각한다.
Wir wohnen nicht in Berlin.	우리는 베를린에 살지 않는다.

C *nicht*에 대해 알아봅시다.

- 문장 전체나 일부를 부정할 때 사용됩니다.
- 문장의 맨 뒤에 위치하지만, 조동사가 사용된 문장에서는 문장 맨 뒤에 위치한 동사의 원형 앞에 놓입니다.
  Er kann dir nicht helfen. 그는 너를 도울 수 없다.
- 형용사 앞, 장소나 시간 앞에 놓입니다.
  Er ist nicht in Berlin. 그는 베를린에 없다.
  Bitte kommen Sie nicht am Abend. 저녁에 오지 마세요.

1 대화들을 알맞은 내용끼리 서로 연결하고 *nicht*에 밑줄을 쳐 보세요.

1 Hier ist es aber kalt.

2 Kommen Sie denn?

3 Wie ist denn der Urlaub?

4 Ich bade nicht so gern.

a Nein, leider nicht.

b Tut mir leid, die Heizung funktioniert <u>nicht</u>.

c Ich auch nicht. Ich dusche lieber.

d Naja, das Hotel gefällt mir nicht.

▶ **scheinen** (태양이) 비치다 | **Stress** *m.* 스트레스 | **kalt** 추운, 차가운 | **Heizung** *f.* 난방기

45

2 *nicht*가 문장에서 잘못된 곳에 놓여 있습니다. *nicht*를 지우고 올바른 곳으로 옮겨 보세요.

1 Alles klar? – Nein, das Wort ~~nicht~~ verstehe ich *nicht* .

2 Gibt's hier auch Sojamilch? – Das nicht weiß ich ....

3 Kommt Anna zum Deutschkurs? – Nein, sie nicht kann .... kommen.

4 Wir fahren morgen nach Berlin. – Na, hoffentlich nicht regnet es ....

5 Wo ist denn Julian? Er muss doch lernen! – Er schläft. Er nicht will .... lernen.

3 교실에 아무것도 없습니다. *nicht*를 사용하여 아래와 같이 문장을 만들어 보세요.

1 Haben wir Stühle?　　　　　　*Nein, Stühle haben wir nicht.*

2 Gibt es denn Deutschbücher?　................

3 Haben wir Papier und Bleistifte?　................

4 Gibt es denn Tische?　　　　　................

5 Und haben wir Computer?　　　................

4 올바른 위치에 쓰인 *nicht*에 표시하고, 다른 하나는 지우세요.

1 Ben ist krank. Er ~~nicht~~ darf ☐nicht☐ arbeiten.

2 Was heißt das? Das nicht verstehe ich nicht.

3 Wir kommen zu spät. Das Auto nicht funktioniert nicht.

4 Emma kann nicht in den Deutschkurs kommen nicht. Sie hat einen Termin.

5 당신은 동의하지 않습니다. *nicht*를 사용하여 아래와 같이 문장을 만드세요.

1 Das Konzert war schlecht.　　*Nein, das Konzert war nicht schlecht.*

2 Sein Deutsch ist gut.　　　　................

3 Rauchen ist hier erlaubt.　　　................

4 Ja, Maria ist da.　　　　　　................

5 Das hat Opa verstanden.　　　................

6 Das Zimmer ist hässlich.　　　................

7 Das Auto ist zu klein.　　　　................

6 아래와 같이 부정문을 만들어 보세요.

1 Ich wohne in Berlin.　　　　　*Ich wohne nicht in Berlin.*

2 Ich bin müde.　　　　　　　................

3 Ich komme am Vormittag.　　　................

4 Ich bin glücklich.　　　　　　................

7 오늘 무엇이 잘못됐나요? *nicht*를 사용하여 아래와 같이 두 문장을 만들어 보세요.

Die Pizza schmeckt nicht.

baden 목욕하다 | **regnen** 비가 오다 | **Papier** *n.* 종이 | **funktionieren** 작동하다 | **erlaubt** 허락된

46 Die Sonne scheint und es ist warm. 태양이 빛나고 날씨가 따뜻해요.

접속사 und, oder, aber, denn

문법 이해하기

A 폴과 엠마의 엽서를 읽고 *und*, *oder*, *aber*, *denn*를 찾아 밑줄을 쳐 보세요.

Liebe Emily,
wir sind auf Sylt. Wir haben Glück, <u>denn</u> das
Wetter ist super. Die Sonne scheint und es
ist richtig warm.
Sylt ist cool. Wir gehen jeden Tag an den
Strand. Wir schwimmen im Meer oder spielen
mit dem Ball. Unser Lieblingsrestaurant
heißt Sansibar. Der Fisch ist super lecker,
aber er ist auch sehr teuer.
Liebe Grüße und bis bald
Paul und Emma

B A를 다시 읽고 아래의 빈칸을 채워 보세요.

문장 1		문장 2	
Die Sonne scheint Wir schwimmen im Meer	und	es ist warm. (wir) spielen mit dem Ball.	태양이 비친다 그리고 날씨는 따뜻하다. 우리는 바다가에서 수영한다 ...... 우리는 공놀이를 한다.
Der Fisch ist lecker, Wir haben Glück,		er ist auch teuer. das Wetter ist super.	생선이 맛이 있다 ...... 그것은 비싸다. 우리는 행운을 가지고 있다 ...... 날씨가 좋다.

C 문장을 연결하는 단어인 접속사에 대해 알아봅시다.

und, *oder*, *aber*, *denn*은 문장을 연결하는 역할을 합니다.

- *und*(그리고)는 목록을 나열할 때 사용됩니다.
- *oder*(또는)는 선택을 해야하는 경우에 사용됩니다.
- *aber*(그러나)는 거부하거나 제한할 때 사용됩니다.
- *denn*(왜냐하면)은 이유를 표현할 때 사용됩니다.

연 습 하 기

1 *und*를 사용하여 두 문장을 연결하세요.

1 Heute regnet es. Es ist kalt.   *Heute regnet es und es ist kalt.*
2 Ich muss Hausaufgaben machen.
Ich muss noch einkaufen.
3 Wir waren am Strand. Wir haben
viel gelesen.

▶ warm 따뜻한 | Meer *n.* 바다

2 *oder*를 사용하여 선택하는 질문을 만들어 보세요.

1 Tee / Kaffee: möchten   *Möchtest du Tee oder Kaffee?*
2 Wein / Bier: nehmen
3 Pizza / Spaghetti: lieber essen

3 어떻게 이럴 수가! 사람이 아무도 없어요. 그 이유를 *denn*을 사용한 문장으로 만들어 보세요.

1 Nina kann nicht kommen. Sie muss in den Deutschkurs.
     Nina kann nicht kommen, denn sie muss in den Deutschkurs.
2 Steffi kommt nicht. Ihre Katze ist krank.

3 Tim hat keine Zeit. Er muss zum Training.

4 *aber*를 사용하여 문장을 만드세요.

1 Wohnung: groß / teuer   *Die Wohnung ist groß, aber teuer.*
2 Bus: billig / langsam
3 Haus: klein / sehr schön

5 문장을 알맞게 연결하세요.

1 Möchtest du ins Kino oder   das kostet Geld.
2 Ich möchte gerne ins Kino und   wollen wir essen gehen?
3 Das können wir gerne machen, aber   dann eine Pizza essen.
4 Kein Problem, denn   ich habe jetzt einen Job und verdiene gut.

6 주어진 접속사를 이용하여 빈칸을 채워 보세요.

und ~~denn~~ aber oder

1 Wo bist du? – Ich kann nicht kommen, *denn* ich bin krank.
2 Möchten Sie Kaffee _____ nehmen Sie ein Wasser? – Ein Wasser, bitte.
3 Ich glaube es nicht, _____ es steht in der Zeitung. – Ja, ich habe es auch gelesen.
4 Ich muss um acht nach Hause! – Ich auch. Ich muss Paula abholen _____ ich muss noch kochen.

7 여러분은 어떤가요? *denn*을 사용하여 아래와 같이 이유를 써 보세요.

Sport machen   *Ich mache Sport, denn ich möchte fit bleiben.*
Deutsch lernen
Freunde treffen

➤ **langsam** 천천히, 느린

Lösungen 정답

1 Ich und du 나와 너

A ich   wir

B du

1 ich *ihr* Sie sie du wir es er sie

2 Singular: du, er, sie, es, Sie   Plural: wir, ihr, sie

3 2 Wir   3 Wir, Ich

4 2 Er   3 sie

5 2 Sie   3 du   4 du

6 1 du   2 ihr, du, du   3 Du

7 2 Singular   3 Plural

8 모범 답안 ... ist nett. Er arbeitet viel.

2 Ich bin Laura. 나는 라우라야.

A Hallo, ich <u>bin</u> Laura. Ich <u>bin</u> 22 Jahre alt.
Verheiratet <u>bin</u> ich nicht. Aber ich <u>bin</u> glücklich.
Mein Freund heißt Tim. Er <u>ist</u> IT-Ingenieur.
Er <u>ist</u> aus Berlin.

B bist   ist

1 1 bin   2 bin, Bist   3 bist, bin   4 bin

2 2A   3B   4F   5E   6D

3 (2) ist   (3) sind   (4) sind   (5) sind

4 2 seid   3 wir sind   4 ihr seid   5 wir sind

5 (2) sind   (3) ist   (4) ist   (5) ist   (6) bin   (7) ist

> **읽기 번역**
>
> 안녕, 안녕! 나에 대해 소개할게. 잠깐! 아니다! 우리, 나와 내 여자 친구 라우라에 대해 소개할게. 로라는 쾰른에서 왔고, 나는 베를린에서 왔어. 라우라는 22살이고, 학생이야. 나는 일을 하고 있어. 나는 IT 엔지니어야. 우리는 둘 다 영화 보는 것을 좋아해. '타이타닉'은 우리가 가장 좋아하는 영화야.

6 모범 답안 Mein Name ist Mia. Ich bin 45 Jahre alt,
arbeite als Bäckerin und bin verheiratet. Meine
Lieblingsfarbe ist rot und ich male gerne.

3 Ich heiße Emma. 내 이름은 엠마야.

A lieben – lieben   kommt – kommen   macht – machen
studiert – studieren   arbeitet – arbeiten   wohnen –
wohnen

B macht   heiße   arbeitet

1

wohne	liebe	studiere
wohnst	liebst	studierst
wohnt	liebt	studiert
wohnen	lieben	studieren
wohnt	liebt	studiert
wohnen	lieben	studieren

2 1 komme   2 wohnst, wohne   3 machst, arbeite
4 heiße, heißt, heiße   5 Arbeitest, arbeite

3 (2) studiert   (3) arbeitet   (4) wohnt   (5) wohnt
(6) macht   (7) arbeitet

4 Carla und David lieben Italien.

4 Carla und David lieben Italien.   Ihr wohnt in Wien.
Martha und ich arbeiten am Wochenende.
Ihr kommt bitte in den Deutschkurs!

5 2 Kommst   3 heißen   4 heißt   5 Arbeiten   6 arbeite

6 (2) wohnt   (3) mache   (4) lerne   (5) ist   (6) heißt
(7) gehen   (8) macht   (9) Arbeitest

> **읽기 번역**
>
> 안녕 스테파니, 나는 지금 빈에 있어. 나의 오빠는 여기에서 살고 있어. 나는 실습을 하고 있고 독일어를 배워. 빈은 정말로 멋져! 나는 벌써 남자 친구도 생겼어. 그는 요한이고 우리는 같이 피트니스 센터에 다녀. 너는 어떻게 지내? 너의 가족들은 뭐 하고 있어? 너는 여전히 일을 많이 하니? 곧 만나.
> 너의 로트

7 모범 답안 Das ist Marina, sie kommt aus
Slowenien und arbeitet hier als Übersetzerin.
Sascha kommt aus Weißrussland und macht eine
Ausbildung als Pfleger hier.

4 Ich habe einen Traum. 나는 꿈을 가지고 있어.

A Ich <u>habe</u> ein Haus.   Ich <u>habe</u> einen Traum.
Sie <u>hat</u> einen Job.   Sie <u>hat</u> einen Freund.
Sie <u>hat</u> einen Traum.   Wir <u>haben</u> Kinder.
Wir <u>haben</u> Glück.   Wir <u>haben</u> einen Traum.

B habe   hat   haben

2 2 Hast   3 Hast   4 hast, habe   5 habe

3 2 hat   3 hat   4 haben   5 habt, habt   6 haben

4 2 Hast   3 hast   4 haben

5 2 Haben   3 Hat   4 Haben

6 (2) hat   (3) hat   (4) hat   (5) hat   (6) habe

> **읽기 번역**
>
> 안녕 미하엘, 우리는 지금 베를린에 있어. 우리는 정말 운이 좋아. 씨가 정말 좋아! 우리는 에릭 집에서 머물고 있어. 그는 크로이쯔베크에 정말 멋진 집을 가지고 있어. 그리고 고양이도.
> 에릭의 여자 친구 이름은 니나야. 그녀는 베를린 출신이고 여기에 구들도 많아. 그녀는 차를 가지고 있고 우리에게 베를린을 보여 줬어. 아, 이제 시간이 없어. 곧 만나!
> 사라

7 2 haben   3 hat   4 habe   5 hat   6 haben   7 Habt

8 모범 답안 Ich habe viele Freunde. Ich habe eine Katz
Ich habe viele Hobbys.

5 Sie isst gerne Pizza. 그녀는 피자 먹는 것을 좋아해.

A l<u>ie</u>st   tr<u>i</u>fft   f<u>ä</u>hrt   <u>i</u>sst   l<u>ä</u>dt ein

B spricht   liest   fährt   lädt ein

1 sprechen   treffen   fernsehen

2 trifft, trefft   isst, esst   liest, lesen   fährst, fahrt
lädst ein, lädt ein   sieht fern

3 2 trifft   3 liest   4 fährt   5 lädt ... ein

4 2 Trefft   3 sprichst   4 sprecht   5 Isst

5 1 Fährst   2 Lädst ... ein   3 Lädt ... ein   4 Ladet ... ei

6 (2) fährt (3) treffen (4) lese

> **읽기 번역**
>
> 안녕, 우리는 지금 시내로 가. 요와 나는 버스를 타. 팀은 자동차를 타고, 우리는 공원 카페에 가서 칼라를 만날 거야. 너희들도 오지? 안녕. 안녕, 그럼 당연하지. 11시에. 파울라는 아직 일하고 나는 책 보고 있어. 안녕.

7 (2) liest (3) lädt ... ein (4) fährt (5) isst

> **읽기 번역**
>
> 안녕, 나는 마리아야. 그리고 내 친구 사라. 그녀는 마드리드 출신이고 베를린에 온 지 얼마 되지 않아. 그녀는 대학을 다니고 있고 2개 국어를 해, 스페인어와 영어. 사라는 탐정 영화를 잘 보고 파티하는 것과 친구들을 초대하는 걸 좋아해. 그리고 그녀는 스키를 타. 그녀는 와인을 즐겨 마시고 햄버거를 가장 잘 먹어.

8 모범 답안 ... mein Freund Pietro. Er kommt aus Italien, aus Neapel. Er lebt jetzt in München. Er studiert Medizin. Er spricht Italienisch und Deutsch. Pietro liebt Sport: Er spielt Fußball, Tennis und Basketball. Und er kocht gern.

Geh! Geht! Gehen Sie! 가! 가! 가란 말야!

A 1B 2A

B gehen lesen aufstehen

1 du: Buchstabiere bitte! Schreib bitte!
ihr: Buchstabiert bitte! Schreibt bitte!
Sie: Buchstabieren Sie bitte! Schreiben Sie bitte!

2 2 Iss bitte! 3 Sprich bitte! 4 Sieh bitte! 5 Hilf bitte!

3 ihr: Kauft bitte ein! Ruft bitte an! Fangt bitte an!
Sie: Kaufen Sie bitte ein! Rufen Sie bitte an!
Fangen Sie bitte an!

4 (2) Reparier (3) wasch (4) Macht ... zu (5) Trinkt
(6) Esst (7) Lernt (8) Ruf ... an (9) Hilf (10) Kauf

5 2 class 3 class 4 single student 5 single student

6 2 macht bitte die Aufgabe zusammen!
3 buchstabier bitte das Wort! 4 Sprich bitte lauter!
5 Fangt bitte an!

7 모범 답안 Sprich bitte lauter! Nehmt bitte die Bücher! Lernt für den Test!

Ich stehe um 7 Uhr auf. 나는 7시에 일어나.

A einkaufen fernsehen anrufen

B ein an

1 2 Wo steigen wir aus?
3 Emma, mach bitte das Licht aus!

2 1 aufräumen 2 fernsehen 4 anrufen
5 ausmachen 6 einkaufen

3

	2			문장 맨 뒤
Um zehn Uhr	räume	ich	die Wohnung	auf.
Ich	kaufe		um zwei Uhr im Supermarkt	ein.
Abends	sehe	ich		fern.
Um elf Uhr	mache	ich	das Licht	aus.

4 2 Fabio kauft abends ein. 3 Anna steigt am Alexanderplatz aus. 4 Martha sieht nachmittags fern.

5 2 Siehst du beim Frühstück fern?
3 Steigst du immer am Potsdamer Platz aus?
4 Wann ruft deine Mutter an?

6 2 Mach ... aus 3 Räum ... auf 4 Steig ... ein

7 모범 답안 Ich räume nachmittags auf.
Ich sehe oft fern. Ich kaufe abends ein. Ich rufe oft meine Freundin an. Ich mache um 23 Uhr das Licht aus. Ich schlafe um 23.30 Uhr ein.

8 Ich habe Deutsch gelernt. 나는 독일어를 배웠어요.

A Haben Sie einen Beruf gelernt?
Ich habe ein Jahr in England gelebt und studiert.

B gelebt gelernt

C haben

1 gehabt Gefeiert Getanzt Gelacht Gelernt
Gearbeitet Getanzt gelacht gehabt gehabt

2

ge- ...t	...t
gefehlt gefragt geholt gehört gekocht geschneit gereist gesagt gespielt	trainiert verdient verkauft telefoniert

3

ge-...t	gehabt gearbeitet gesucht geschmeckt
...t	benutzt buchstabiert bezahlt bestellt

4 2 lernen, Hast ... gelernt 3 telefonieren, hat ... telefoniert 4 hören, haben ... gehört 5 besuchen, Habt ... besucht 6 spielen, haben ... gespielt

5 2 haben ... gehört 3 habe ... gefragt 4 hat geschneit
5 habe ... verkauft 6 habe ... repariert 7 Hast ... gespielt

7 모범 답안 Ich habe Handball gespielt. Ich habe bei einer Firma in München gearbeitet.

9 Wir haben Pommes frites gegessen.
우리는 감자 튀김을 먹었어.

A Am Nachmittag haben wir am Strand gelesen und geschlafen.
Die Sonne, der Wind! Cool! Am Abend haben wir Cocktails in der *Wunderbar* getrunken.

B gegessen getrunken

1 denn schon gelesen? – Nein, habe ich nicht.
du den Film gesehen? – Ja, er war super.
Hast du gut geschlafen? – Ja, danke.

2 ☞ 2 halten 6 essen 7 trinken
✊ 1 schlafen 3 lesen 4 finden 5 geben

3 Hamburg

4 gegessen, Hast ... gegessen? gehalten, hat ... gehalten
gelesen, haben ... gelesen geschlafen, Habt ...
geschlafen? getrunken, haben ... getrunken

5 (2) gegessen   (3) gespielt   (4) gelesen   (5) geschlafen
(6) geduscht   (7) getrunken

읽기 번역

> 오늘 우리는 질트 섬에 있었어. 질트는 정말 멋져! 오전에 우리는 베스터란트 시내에 있었어. 우리는 커피를 마셨고 크로아상을 먹었어. 오후에 우리는 해안가에 있었어. 닐과 니나는 비치발리볼을 했어. 나는 신문을 읽고 조금 잠을 잤어. 나는 정말 피곤했어. 그리고 호텔에서 우리는 샤워를 했어. 저녁에 우리는 바에서 칵테일을 마셨어.

6 2 hat … gehalten, hat … gesehen   3 Habt … gegessen
4 habe … gefunden

7 모범 답안 Ich habe Kaffee getrunken. Ich habe
Zeitung gelesen. Ich habe Müsli gegessen.

10 Wir sind Fahrrad gefahren. 우리는 자전거를 탔어.

A Wir haben die ganze Insel gesehen. Am Nachmittag ist
dann Carla gekommen, eine Freundin aus Hamburg.
Am Abend haben wir getanzt und gefeiert.

B gefahren   gekommen

1 2c   3a

2 laufen – gelaufen   kommen – gekommen
gehen – gegangen

3 2 gekommen, bist … gekommen   3 gefahren,
ist … gefahren   4 gegangen, sind … gegangen
5 gefahren, seid … gefahren   6 gegangen,
sind … gegangen

4 (2) haben   (3) sind   (4) sind   (5) haben   (6) sind
(7) haben   (8) hat   (9) bin   (10) habe   (11) ist
(12) habt   (13) sind   (14) haben   (15) haben   (16) bin

5 Dann habe ich gefrühstückt. Ich habe Kaffee
getrunken und Toast gegessen. Am Vormittag
habe ich die Zeitung gelesen. Dann habe ich ein
bisschen gelernt. Am Nachmittag bin ich in die Uni
gegangen. Dann habe ich Sport gemacht. Am Abend
habe ich Musik gehört und bin ins Bett gegangen.

읽기 번역

> 월요일에 나는 늦게까지 잠을 잤다. 그리고 아침식사를 했다. 나는 커피를 마셨고 토스트를 먹었다. 오전에 나는 신문을 읽고 잠깐 공부를 했다. 오후에 나는 대학으로 갔다. 그리고 운동을 했다. 저녁에 음악을 듣고 잠자리에 들었다.

6 모범 답안 Hast du schon einmal Tango getanzt? Bist du
schon einmal im Central Park gelaufen? Hast du
schon einmal etwas gewonnen?

11 Ihr könnt unsere Parkplätze benutzen.
너희들은 우리의 주차장을 사용할 수 있어.

A 2A   3C

B könnt

1 2 possibility   3 skill

2 2 können   3 kannst   4 könnt

3 (2) kann   (3) kannst   (4) kann

4 Ich kann auch Yoga machen. Du kannst die Parkplätze
gratis benutzen.   Er kann richtig gut erklären.

5 Könnt ihr denn zum Yogakurs kommen?
Können wir mal zusammen trainieren?
Könnt ihr bitte den rechten Arm heben.

6 2 kann   3 Können   4 Können   5 Kann, kann

7 모범 답안 gut: Ich kann gut singen.
(gar) nicht: Ich kann gar nicht (gut) Fußball spielen.

12 Muss ich mehr arbeiten? 내가 일을 더 해야만 하나?

A Du musst mehr arbeiten!
Du musst die E-Mails checken. Du musst …

B muss   musst

1 2 muss   3 müssen   4 musst

2 2 musst   3 muss   4 musst

3 Sie müssen: you address somebody formally
ihr müsst: you address a group of people informally

4 Müssen Sie noch auf einen Kunden warten? Müssen
Sie heute auch noch telefonieren? Müsst ihr zum Chef
gehen? Müsst ihr jetzt nicht ins Meeting?

5 2 Emilie muss Getränke für die Party kaufen.
3 Sie muss in die Stadt gehen.   4 Er muss jetzt gehen.

6 (2) kann   (3) musst   (4) müssen   (5) könnt   (6) muss

7 모범 답안 immer pünktlich sein. Muss ich?
Du musst das Leben genießen. Muss ich?

13 Was willst du werden? 너는 무엇이 되고 싶니?

A 1B   2A

B will   möchte

1

	möchten	wollen
du	möchtest	willst
er / es / sie	möchte	will
wir	möchten	wollen
ihr	möchtet	wollt
sie / Sie	möchten	wollen

S	W	Q	Z	M	W	Y	Z	C	V
C	I	W	M	Ö	C	H	T	E	B
Y	L	M	Ö	C	H	T	E	N	Y
X	L	R	N	H	R	M	M	W	E
Q	A	T	T	T	R	M	Ö	O	M
W	R	U	P	E	I	Ö	C	L	W
W	O	L	L	T	R	C	H	L	O
I	O	P	A	C	V	H	T	E	L
A	S	M	Ö	C	H	T	E	N	L
W	I	L	L	J	K	E	T	Y	E
A	S	Q	W	R	T	S	O	U	N
M	W	I	L	L	S	T	P	I	Z

2 2 will   3 Willst   4 wollen   5 Wollt   6 will

3 2c   3a   4e   5b

4 (2) möchte   (3) Möchten   (4) möchte   (5) Möchtet

5 2 Möchtest   3 möchte   4 möchten

6 2 Sie möchte Psychologie studieren.   3 Ich will einen Beruf lernen.   4 Wir wollen einen Englischkurs machen.

7 모범 답안 Ich möchte in einem Haus auf dem Land wohnen, zwei Kinder und einen Hund haben. Ich will eine Weltreise machen. Ich will studieren. Ich will glücklich sein.

Wir dürfen viel sprechen. 우리는 많이 이야기를 해도 됩니다.

A Wir dürfen nicht schlafen. **X**   Wir dürfen lesen. ✓
Wir dürfen nicht telefonieren. **X**   Wir dürfen Fehler machen. ✓   Wir dürfen keine Musik hören. **X**
Wir dürfen Smartphones benutzen. ✓

B dürfen

1 d(a)rf   d(a)rf   d(ü)rf(en)   d(ü)rf(t)   d(ü)rf(en)

2 2 darf   3 dürft   4 darf   5 dürfen

3 2 Dürfen wir Sie zu einem Kaffee einladen? 정중한 의문문
3 Es darf nicht mehr als 15 Euro kosten. 금지
4 Achtung! Das dürfen Sie nicht tun! 금지
5 Hier im Kurs darf man nicht essen. 금지
6 Darf ich Sie um etwas bitten? 정중한 의문문
7 Ihr dürft hier nicht rauchen. 금지
8 Was darf es denn sein? 정중한 의문문

4 2 dürft   3 darf   4 darfst   5 dürfen   6 darf

5 DU DARFST INS ARBEITSBUCH SCHREIBEN.
PAOLA DARF NEBEN JULIA SITZEN.
ICH DARF MONTAGS SPÄTER KOMMEN.

6 Wollen   willst

7 모범 답안 Wir dürfen lange Pause machen. Wir dürfen draußen rauchen. Wir dürfen nicht schlafen.

Was soll ich denn tun? 나는 어떻게 해야 하나요?

A Mama, ich habe Husten, Schnupfen und Fieber. Was soll ich denn tun?   Trink Tee, iss eine Suppe und bleib im Bett!   Schlafen ist wichtig!   Lisa: Und? Was schreibt sie?   Jo: Ich soll Tee trinken. Ich soll Suppe essen und ich soll im Bett bleiben.

B soll   trinken   essen

1 soll   soll   soll(en)   soll(t)   soll(en)

> **읽기 번역**
>
> 안녕, 카렌, 나는 주말에 가. 너희들이 차고에서 그림을 꺼내고 스테이크와 맥주 좀 사다 줘. 샐러드도 좀 만들어 주고 사라와 팀에게 전화도 걸어 줘. 곧 만나. 마크.

2 2 soll   3 soll   4 Sollt   5 sollst

3 aus der Garage holen und Steaks und Bier kaufen.

Wir sollen auch einen Salat machen und Tim und Sara anrufen.

4 2 ich soll viel Tee trinken.   3 ich soll die Tabletten nehmen.   4 ich soll im Bett bleiben.

5 2 Sollen wir die Tabletten bestellen?   3 Soll ich Ihnen helfen?   4 Soll ich etwas mitbringen?   5 Soll ich heute kommen?   6 Sollt ihr mehr Sport machen?

6 2 sollen   3 Soll   4 sollt   5 soll   6 Sollen

7 모범 답안 Wir sollen die Vokabeln lernen. Wir sollen viel schreiben. Wir sollen die Hausaufgaben machen. Wir sollen oft Deutsch sprechen.

16 Der Film 영화

A das   die

B das   die

1 der Wagen   das Auto   das Motorrad   das Flugzeug die U-Bahn   die Straßenbahn   die Straße

2

●	●	●
der Tisch, der Stuhl	das Sofa, das Fahrrad	die Lampe, die Jeans, die Bluse, die Uhr

3 Computer, Bild, Taxi, Pizza, Jacke, Handy, Motorrad, Marmelade, Hotel

4 ● : der Computer
● : das Bild, das Taxi, das Handy, das Motorrad, das Hotel
● : die Pizza, die Jacke, die Marmelade

5 2 das   3 der   4 die

6 2 das   3 der   4 die

7 모범 답안 der Strand, der Fußball, die Freunde, die Musik, das Auto, das Buch, die Sonne, das Smartphone, die Natur, die Katze

17 Äpfel und Birnen 사과와 배

A Birnen, Orangen

B Birnen, Äpfel

1

-n	-en	-s
die Straße – die Straßen, die Ampel – die Ampeln, die Tomate – die Tomaten	die U-Bahn – die U-Bahnen	das Café – die Cafés, das Auto – die Autos

2 2 Kinder   3 Lieder   4 Arme   5 Schilder   6 Beine 7 Filme

3 2 die Kuchen   3 die Hähnchen

4 2 Bäume   3 Grüße   4 Fahrräder   5 Mütter   6 Gläser 7 Züge

5

단수	복수
das Heft, das Brötchen, der Stift, das Buch, das Kind, die Pause, der Arzt, der Stuhl, das Ei	die Hefte, die Brötchen, die Stifte, die Bücher, die Kinder, die Pausen, die Ärzte, die Stühle, die Eier

6 2 Stühle 3 Stifte 4 Bücher

7 Bücher, Stifte, Stühle, Tische, Hausaufgaben, Computer, Radiergummis

8 1 Kartoffeln 2 Tomaten 3 Äpfel, Bananen und Birnen 4 Orangen

9 die Tomate der Gast das Geschäft das Glas
die Birne die Blume das Brötchen

10 모범 답안 Nudeln – die Nudel, Kartoffeln – die Kartoffel, Bananen – die Banane, Äpfel – der Apfel

18 Die Küche kostet nicht viel. 이 부엌은 많은 비용이 들지 않아요.

A Eine Küche von XL-Möbel kostet nicht viel.
Stimmt! Und die Küchen von XL-Möbel sind cool!

B die die

1

● der Tisch	ein Tisch	mein Tisch	kein Tisch
● das Sofa	ein Sofa	mein Sofa	kein Sofa
● die Lampe	eine Lampe	meine Lampe	keine Lampe

2 ●: der Gemüseladen, der Spielplatz, der Kindergarten, der Supermarkt
●: das Restaurant, das Geschäft, das Café, das Haus
●: die Kirche, die Metzgerei, die Schule, die Straße

3 (2) die (3) das (4) die (5) die (6) der (7) die
(8) die (9) der (10) der (11) der

4 2 ein 3 Ein 4 –

5 meine: ● feminin mein: ● neutral

6 (2) mein (3) Mein (4) meine (5) Mein (6) Mein

7 모범 답안 Bücher, mein Smartphone, Freunde, mein Bett, Musik

19 Ich bestelle einen Salat. 나는 샐러드를 주문해요.

A Ich bestelle schon mal eine Pizza und einen Salat.

B den eine

C den einen

1

● den Salat	einen Salat	meinen Salat	keinen Sala□
● das Bier	ein Bier	mein Bier	kein Bier
● die Pizza	eine Pizza	meine Pizza	keine Pizza

2

```
        D
        E I N
        I
  M E I N E N
E       E
I       N
N
E
N
```

3 2 Ich habe das Brot vergessen! 3 Ich habe die Tomaten vergessen! 4 Ich habe die Butter vergesse□
5 Ich habe den Käse vergessen! 6 Ich habe den Sal□ vergessen!

4 2 ein Bier 3 eine Cola 4 einen Salat 5 Spaghett□
6 eine Suppe 7 Pommes Frites 8 einen Kaffee

5 2 kein(e) Ei(er) 3 keine Suppe 4 keinen Burger
5 keinen Salat

6 2 die Antwort 3 das Wort 4 die Vokabeln
5 die Artikel 6 den Dialog

7 모범 답안 ein Smartphone, ein Kursbuch, Hausaufgaben, ein Wörterbuch, einen Apfel, eine Flasche Wasser, einen Bleistift, ein Heft

20 Ich nehme den Computer. 나는 컴퓨터를 살게.

A Ich nehme auch die Tasche und den Drucker.
Und wir brauchen eine Maus.

B habe nehme brauchen

C 2

1 holen trinken stellen suchen haben

2 Magic Word: Akkusativ

3 Du nimmst eine Jacke.   Er sucht eine Hose.
Sie hat ein Kleid.   Wir brauchen einen Mantel.
Ihr sucht eine Tasche.   Sie brauchen Schuhe.

4 1 Sie hat einen Job bei Siemens.   2 Ihr nehmt das
Smartphone.   3 Tim und Nina kaufen ein Haus in
Berlin.   4 Wir suchen den Autoschlüssel.
5 Ich brauche noch einen Drucker.

5 *brauchen*: Ich brauche Zeit.   Ich brauche einen Urlaub
am Meer.   Ich brauche ein Handy.   Ich brauche einen
Kaffee.
möchten: Ich möchte ein Haus in München.
Ich möchte ein Auto.   Ich möchte einen Job bei Apple.
Ich möchte ein Smartphone.

Die Boutique gehört einem Freund.
이 옷 가게는 친구의 것이야.

A 1B einem Freund   2A dem Taxi

B dem   einem

1

mit dem Bus	mit einem Bus	mit mei- nem Bus	mit keinem Bus
mit dem Taxi	mit einem Taxi	mit mei- nem Taxi	mit keinem Taxi
mit der U-Bahn	mit einer U-Bahn	mit meiner U-Bahn	mit keiner U-Bahn

2 2 mit der Straßenbahn.   3 mit dem Fahrrad.
4 mit dem Auto.   5 mit dem Motorrad.   6 mit dem Zug.

3 definite: Gehst du zu Fuß? Nein, ich fahre mit dem Bus.
Indefinite: Wem gehört das iPad? Das gehört einer
Freundin.   definite: Ist das dein Smartphone?
Nein, es gehört dem Lehrer.

4 2 Freunden   3 einem Mietauto   4 einem Freund
5 einer Kollegin

5 (2) meinem Bruder   (3) meiner Schwester
(4) meinem Vater   (5) meiner Mutter
(6) meinem Lehrer   (7) meiner Kollegin

6 2 meiner Schwester   3 meinem Bruder   meinem Chef

7 모범 답안 mit dem Zug, mit der S-Bahn, mit dem
Fahrrad

22 Die Pizza schmeckt der Frau. 피자가 맛있어요.

A 2A   3C

B schmeckt

1 2 gefällt   3 hilft   4 Gefallen   5 danken

2 2 Der Chef dankt der Kollegin.   3 Das Auto gehört
dem Freund.   4 Die Pizza schmeckt dem Kind.   5 Das
Haus gehört der Chefin.   6 Das Kind hilft dem Mann.

3 4격: b, e, f, i, j   3격: a, c, d, g, h

4 단수: Das Haus gefällt der Frau.   Die Stadt gefällt dem
Mann.   Die Pizza schmeckt der Kollegin.
복수: Die Wohnungen gehören dem Lehrer.
Die Bücher gehören der Chefin.   Die Brötchen
schmecken der Großmutter.

5 모범 답안 Ich helfe meiner Großmutter.
Ich helfe meinem Bruder. Ich helfe meinem Freund.
Ich helfe dem Kind. Ich helfe meiner Schwester.

23 Er ist viel zu klein. 그는 키가 너무 작아.

A es   sie

B ● neutral: das Bett   ● feminin: die Lampe

C er, es, sie, sie

1 er: der Hund, der Tisch, der Mann, Tom, Herr Müller
es: das Bett, das Pony, das Baby, das Mädchen
sie: die Lampe, die Frau, Frau Frank, Emilie
sie: die Stühle, die Katzen, Steffi und Ben

2 2a   3d   4c

3 2 sie   3 Es   4 sie   5 Er   6 es

4 2 sie   3 er   4 sie   5 es   6 er   7 sie

5 2 Wo ist die Firma? ... Sie   3 Woher kommt der
Drucker? ... Er   4 Wie ist das Apartment? ... Es

6 Sie ist weiß und groß.   Er ist billig und praktisch.

> **읽기 번역**
> 안녕, 라우라, 나는 지금 베를린에 있는 가구점 리빙에 있어. 이 소파
> 는 어때? 멋지지? 이 소파는 흰색이고 커. 그리고 이 테이블도 멋있
> 지? 이 테이블은 싸고 실용적이야.

24 Ich liebe dich. 나는 너를 사랑해.

A Das ist <u>Jonas</u>. <u>Er</u> ist mein Vater. Ich liebe <u>ihn</u>.

B ihn   sie

1 2 Und ist das dein Bruder? – Ja, kennst du <u>ihn</u>?

3 Ist das deine Mutter? – Ja, ich liebe <u>sie</u>.

2 2 ihn   3 sie   4 es   5 ihn

3 2 dich   3 Sie   4 dich

4 2 dich   3 dich   4 euch

읽기 번역

1. 사랑하는 엄마, 사랑하는 아빠, 나는 주말에 갈게요. 사랑해요. 라우라
2. 안녕 파울, 너는 벌써 기차역이니? 내가 너를 데리러 갈게. 마르타
3. 안녕 칼라, 알겠어, 내가 너한테 전화할게. 내일 봐. 팀
4. 안녕 에밀라, 안녕 안, 공항으로? 당연하지, 네가 너희들을 데려다줄게. 벤

5 2 uns   3 mich   4 uns

6 2 Ja, ich liebe sie sehr.   3 Ja, wir brauchen sie.
4 Okay, ich mache sie zu.   5 Ich kenne ihn nicht.

7 Deutsch: Er liebt mich, er liebt mich nicht.

8 모범 답안 Mein Haus? Ja, ich liebe es. Meine Mutter? Ja, ich liebe sie. Meinen Vater? Ja, ich liebe ihn. Meinen Job? Ja, ich liebe ihn. Mein Kind? Ja, ich liebe es.

25 Gefällt mir. 내 마음에 들어.

A Du liebst Wien.: Gefällt dir.   Und wir wohnen gerne in Berlin.: Gefällt uns.   Du magst die Berge.: Gefällt dir.   Ich liebe die Sonne und den Strand.: Gefällt mir.   Und wir leben gerne auf dem Land.: Gefällt uns.

B mir   dir   uns

1 ihnen: them   ihr: her   mir: me   ihm: him

2 2 Ihr   3 ihm   4 ihm

3 2 euch   3 euch   4 uns

4 2 euch   3 mir   4 ihm   5 Ihnen   6 ihnen   7 dir   8 ihr

5 1 mir   2 ihm   3 Ihnen   4 mir   5 mir   6 dir   7 mir
8 dir, mir

6 모범 답안 Meine Freundin möchte in Kanada leben. Kanada gefällt ihr. Mein Mann möchte in Paris wohnen. Paris gefällt ihm. Meine Mutter möchte in der Stadt wohnen. Die Stadt gefällt ihr.

26 Nichts geht mehr! 더 이상은 아무것도 안 돼요!

A 1 B   2 A

B alles   nichts

C nichts   mehr

1 1 nichts   2 nichts   3 alles   4 nichts

2 (2) nichts   (3) etwas   (4) nichts   (5) nichts   (6) etwas

읽기 번역

나는 배가 좀 고파, 그래서 뭔가를 좀 먹고 싶어. 그런데 냉장고에 아무것도 없어. 어제 빵과 버터를 좀 샀어. 그런데 소시지와 치즈를 못 샀어, 왜냐하면 그것이 비싸서. 우리는 통장에 돈이 없어. 전혀 없어! 돈이 없으면 사람들은 아무것도 살 수 없어. 난 지금 톰에게 가. 아마 그는 먹고 마실 만한 뭔가를 가지고 있을 거야.

3 Ich möchte mehr Urlaub. Meine Frau braucht mehr Zeit. Wir brauchen mehr Wohnungen in Deutschland. Der Koch braucht mehr Arbeit.

4 2 nichts   3 nichts   4 mehr

---

5 2 kann man das Brandenburger Tor sehen.
3 kann man das Schloss Belvedere besichtigen.
4 kann man den Eifelturm sehen.

6 2 nichts   3 etwas   4 mehr   5 man

7 모범 답안 Man kann Eis essen. Man kann ins Kino gehen. Man kann viele Kirchen besichtigen.

27 Die Studentin kommt aus Nigeria.
그 여대생은 나이지리아 출신이에요.

A 2 B   3 A

B die   eine

C das   die

1 특정한 것: Gehst du ins Stadion? Ja, *das* Spiel fängt gleich an. / Wann kann ich *den* Schrank abholen? Morgen. Dann ist er auch fertig.
불특정한 것: Möchten Sie *einen* Kaffee? Ja, gerne.

2 2 Der   3 Die   4 Das   5 Der

읽기 번역

1. 이 등은 이케아 거야. 그것은 19유로야.
2. 이 테이블은 저렴해. 그것은 29유로밖에 안 해.
3. 이 소파는 XXL 시장 거야. 그것은 싸.
4. 이 선반은 매우 현대적이야. 그것은 49유로야.
5. 이 카페트는 할머니에게서 받은 거야. 그것은 공짜야.

3 2 einen   3 ein   4 eine

4 2 eine, Die   3 ein, das   4 einen, ein, Das

5 1 ein, Der   2 –, Die   3 ein, ein, das   4 eine, die

6 (2) eine   (3) ein   (4) ein   (5) den   (6) die   (7) das
(8) das

읽기 번역

엠마: 나는 햄버거 하나와 콜라를 원해.
파울: 나는 치즈 빵 하나와 생수 하나 먹을래.
파울: 계산해 주세요!
종업원: 다 같이요?
엠마: 아니요, 저는 햄버거 하나와 콜라 하나 계산할게요.
파울: 저는 치즈 빵 하나와 생수 하나요.

7 모범 답안 Hast du ein Haustier? Hast du einen Laptop? Hast du eine Schwester? Wohin hast du eine Reise gemacht? Wann kaufst du ein Handy?

28 Nein, das ist auch kein Baum.
아니요, 그것은 나무가 아니에요.

A Laura: Ist das *ein* Baum? ☺   ich: Nein, das ist auch *kein* Baum. ☹   Laura: Ah, das ist *eine* Lampe. ☺ ich: Ja, *eine* Lampe. ☺

B ein   kein   eine

C ein   kein

1 ● ein   ● eine   ● kein   ● keine

2 3 kein   4 kein   5 ein   6 eine   7 keine   8 keine

3 2 Das ist kein Tisch.   3 Das ist ein Auto.   4 Das ist kein Auto.   5 Das ist eine Uhr.   6 Das ist keine Uhr.

4 2 Ist das eine Lampe? – Nein, das ist keine Lampe.
3 Ist das ein Schrank? – Ja, das ist ein Schrank.
4 Ist das ein Bett? – Nein, das ist kein Bett.

5 2a Also, ich mag eigentlich keinen Fisch.   3d Ja, es kommen heute keine Busse mehr.   4b Möchtest du ein Bier oder einen Wein? – Gerne ein Bier.   5c Nein, ich habe keinen Garten.

6 2 Eine, keine, ein   3 keine   4 eine, keinen   5 kein

7 *Example solution*: Das ist doch kein Bett, das ist eine Badewanne. Das ist doch kein Salz, das ist Zucker. Das ist doch kein Telefon, das ist eine Banane.

9 Ich habe immer Orangensaft im Kühlschrank.
나는 냉장고에 언제나 오렌지주스를 가지고 있어요.

A Ich habe natürlich immer Orangensaft und <u>Eis</u> im Kühlschrank. Dann brauche ich noch <u>Obst</u> für meinen Lieblings-Smoothie: <u>Bananen</u>, <u>Äpfel</u> und <u>Zitronen</u> ...

B Orangensaft   Obst

C Articles are used when the quantity is specified or when we point to certain things. When talking about nonspecific quantites we don't use an article.

1 **특정한 명사**: Was? Achttausend Euro! Ja, ich brauche <u>das Geld</u> für das neue Auto. / Kannst du mir bitte <u>das Salz</u> geben? Ja, hier bitte.   **불특정한 명사**: Brauchen wir <u>Salz</u>? Nein, <u>Salz</u> haben wir.

2 2 das   3 –   4 –

3 BANANEN   TOMATEN   EIER   ORANGEN   MÖHREN   KARTOFELN

4 2 Bananen und Milch.   3 Eier und Schinken.
4 Möhren und Kartofeln.   5 Bananen und Orangen.
6 Salat. Eier

5 3 –,-   4 den   5 –   6 Das   7 –,-   8 Der

6 2 Brauchen wir auch ~~die~~ Milch? Ja, bitte kauf zwei Liter.   3 Und was frühstückt ihr gerne? – ~~Die~~ Brötchen mit Marmelade.

7 Ich brauche Geld. – I need money.   Wir essen Toast zum Frühstück. – We have toast for breakfast.

8 모범 답안 Joghurt, Gemüse und Obst / Marmelade und Eier / Bier oder Wein

meine Familie, deine Familie 나의 가족, 너의 가족

A Er ist <u>mein</u> Vater.   Sie ist <u>meine</u> Mutter.

B mein   meine

1 The possessive article takes an e at the end when it refers to a feminine noun.

2 2 Mae, was sind <u>deine</u> Hobbies?   3 Und <u>deine</u> Lieblingsfarbe ist ...?   4 Ich nehme <u>meinen</u> Hund mit.

3

mein-	dein-	ein-	kein-
mein Mantel	dein Mantel	ein Mantel	kein Mantel
meine Freundin	deine Freundin	eine Freundin	keine Freundin
mein Auto	dein Auto	ein Auto	kein Auto

4 dein Haus   mein Mantel   deine Freundin   meine Katze

5 2 dein   3 deine   4 meine

6 (2) Mein   (3) meine   (4) Meine   (5) mein   (6) mein   (7) deine   (8) dein   (9) deine   (10) deine

7 2e Komm, wir nehmen mein Auto!   3a Ich habe deinen Vater gesehen.   4c Kennst du meinen Freund?
5d Ich suche meinen Chef.

읽기 번역
안녕, 나는 마에야. 나는 캐나다 출신이야. 그리고 이 사람들은 나의 가족이야. 나의 아빠는 크리스티안이고 나의 엄마는 노에미아. 나의 할머니 이름은 힐다, 그리고 나의 할아버지는 칼이야. 이 사람은 나의 오빠 율리안이야. 그는 스웨덴에 살고 있어. 너의 가족은? 얘기해 봐! 너의 아빠 이름은? 너의 엄마의 이름은? 그리고 너의 할아버지 할머니는 어디에 사셔?

8 모범 답안 Mein Vater ist Bäcker von Beruf. Er kommt aus Hamburg, aber jetzt wohnt er mit meiner Familie in Heidelberg.
Meine Mutter heißt Maria. Meine Mutter ist Lehrerin von Beruf. Meine Mutter arbeitet in einer Schule.

31 sein Haus, ihr Haus 그의 집, 그녀의 집

A <u>Ihr</u> Zimmer ist klein, aber sehr schön. <u>Ihre</u> Freunde heißen Carla und Ali. Sie wohnen auch da. / Und das ist <u>sein</u> Haus. Wow, <u>sein</u> Garten ist super. So viele Blumen! Und <u>sein</u> Hund heißt Fluffy.

B sein   ihr   ihre

C possession

1 2 man   3 man   4 man   5 woman

2 ihr Auto: her car   ihre Freundin: her friend

3

♂	sein Garten sein Hund	sein Haus		seine Blumen seine Eltern
♀	ihr Freund ihr Bruder	ihr Haus	ihre Katze	ihre Freunde

4 2 seinen   3 ihren   4 ihre   5 seine   6 seine   7 ihre
8 ihren

5 (2) Ihre   (3) Ihr   (4) Ihr   (5) ihr   (6) Ihre

읽기 번역
이 사람은 칼라야. 그녀는 38살이고 기혼이야. 그녀의 남편은 톰이라고 해. 그녀의 여동생은 오스트레일리아에서 살고 일해. 그녀의 오빠는 베를린에서 살아. 그녀의 집은 정말 예뻐. 그 집은 크고 오래됐어. 그녀의 정원 역시 훌륭해. 그녀의 고양이 이름은 살리야. 그 고양이는 아주 작고 귀여워.

6 Jetzt wohnt er in Köln. Seine Eltern leben in Neapel, aber seine Schwester wohnt auch in Köln. Seine Frau heißt Eva. Sie kommt aus Köln. Seine Kinder sind / heißen Fabiana und Vittoria.

7 모범 답안 Ihr Hund ist süß. Ihre Wohnung ist groß. Ihre Augen sind grün.

32 unser Pool, euer Apartment 우리의 수영장, 너희들의 아파트

A 2 Ja, wir sind schon da.　3 Und wie ist euer Apartment? 4 Super! Nur unser Pool ist so klein.

B unser　euer

1 unsere Terrasse: our terrace　euer Apartment: your apartment

2

	●	●	●	●
wir	unser Garten		unsere Familie	unsere Fahrräder
ihr	euer Pool	euer Apartment		eure Freunde

3 2 euere Autos　4 euere Küche

4 Das ist unser Haus.　Das ist unsere Terrasse.

5 3 eure　4 euer　5 unser　6 unsere　7 euer　8 euer

6 2 unsere　3 euer　4 eure

7 모범 답안 In unserem Garten gibt es viele Blumen und einen Apfelbaum. In unserem Garten feiern wir oft Partys. Unsere Freunde sind sehr nett und lustig. Unsere Freunde reisen viel. Unsere Freunde sprechen viele Sprachen.

33 Dein Team, Ihr Team 너의 팀, 당신의 팀

A Dein AutoDirekt-Team / vielen Dank für Ihre Reservierung. Ihr Zimmer ist fertig. Ihr Team im Hotel Berlin

B dein　dein　Ihr

C 대문자

1

	●	●	●	●
Sie	Ihr Mini Ihr Lieblingsfilm Ihr Beruf	Ihr Geld Ihr Ticket	Ihre Adresse Ihre Frau	Ihre Schlüssel Ihre Söhne
du	dein Ausweis dein Name dein Garten	dein Auto dein Fahrrad	deine Familie	deine Freunde

2 2f　3i　4i　5i　6f

3 2c: Ist das dein Freund?　3a: Bitte öffnen Sie Ihren Mund!　4d: Deine Schuhe sind cool!

4 2 deine　3 deine　4 Ihr　5 Ihr　6 dein　7 Ihre　8 deine

5 2 deinen　3 deine　4 deine　5 deinen　6 dein

6 2 deine　3 deine　4 Ihre　5 Ihr

7 모범 답안 Was ist Ihr Beruf? Was ist Ihr Lieblingsfilm? / Wie heißt Ihr Lieblingsfilm?

34 Ich komme aus Berlin. 나는 베를린에서 왔어요.

A B Wir wohnen in Berlin.　C Ich fahre nach Berlin.

C Woher?　Wo?　Wohin?

1 2 Ich komme aus Kuba und wohne jetzt in München.

3 Morgen fahre ich nach Berlin.　4 Er besucht seine Verwandten in Polen.　5 Fahr nach rechts, geradeau und dann nach links.

2 1 d, f, g　2 c, e, i, j　3 a, h, k

3 aus: from　nach: to

4 (2) aus　(3) aus　(4) aus　(5) nach　(6) In

5 2 nach　3 In　4 aus　5 Nach　6 In　7 Aus　8 In

6 모범 답안 Jetzt lebt sie in London, in England. Sie hat auch in Deutschland gelebt.

35 Ich wohne auf dem Land. 나는 시골에 살아요.

A 1 B　2 A

B auf dem　in der

C Wo?

1 2 auf dem Tisch　3 Auf dem Formular　4 auf dem Marktplatz　5 auf der Straße　6 auf der Bank

2 2b Er sitzt im Park und liest.　3a Ja, gerne. Und wo? Im Parkcafé?　4c In der Zeitung.

3 Kino, Schule, Internet, Zug, Supermarkt, Hotel, Apotheke, Stadt, Straße, Haus, Garten, Bett, Küche, Kühlschrank, Schrank

4
- ● im Supermarkt, im Garten, im Kühlschrank, im Schrank
- ● im Internet, im Zug, im Hotel, im Haus, im Bett
- ● in der Schule, in der Apotheke, in der Stadt, in der Straße, in der Küche

5 (2) in der　(3) im　(4) auf dem　(5) im　(6) in der (7) im　(8) auf dem

6 2 im Internet　3 im Supermarkt　4 Im Hotel　5 in Schule　6 in der Apotheke

7 모범 답안 Ich wohne in der Stadt. In einem Apartmen Meine Freundin wohnt auf dem Land. In einem Hau

Wir gehen ins Kino. 우리는 영화관에 갑니다.

A 2A 3D 4B

B Club Kino

C Wohin?

1 2 in die Stadt 3 ins Restaurant 4 in den Park

2 ins Kino: to the cinema in die Stadt: to town

3
- in den Garten, in den Park, in den Supermarkt
- ins Bett, ins Museum, ins Büro, ins Schwimmbad, ins Restaurant, ins Dorf, ins Bad, ins Café, ins Hotel
- in die Universität, in die Pizzeria, in die Disco, in die Kirche

4 (2) ins (3) in den (4) ins (5) in den (6) in den (7) in die (8) ins

> **읽기 번역**
> 아침에 나는 7시에 일어나. 나는 항상 공원에 가서 조깅을 해. 그래서 나는 항상 좋은 컨디션을 유지하고 있어. 그리고 나는 욕실로 가서 샤워를 해. 나는 아침을 먹고 음악을 듣고 신문을 읽어. 9시에 나는 아이들을 유치원으로 데려다주고 사무실로 가. 점심 휴식 시간에 나는 종종 슈퍼로 가서 장을 봐. 오후에 나는 아이들과 함께 공원으로 가. 저녁에 남편과 나는 요리를 해. 가끔 우리는 아말리엔 길에 있는 피자집에 가기도 해. 이 가게는 정말 좋아. 8시에 우리는 아이들을 재우고, 텔레비전을 보고 책을 읽어.

5 2 ins 3 In die 4 in die 5 in den 6 ins 7 in den 8 in die

6 모범 답안 Ich gehe ins Kino. Ich gehe ins Café. Ich gehe in die Stadt.

Sie ist beim Training. 그녀는 운동하고 있어요.

A Wollen wir einen Kaffee bei Fillipo trinken? Ja, gerne! Muss aber noch zum Friseur. Gut. Also um sechs bei Fillipo!

B beim zum

1 2a Ich muss noch zum Arzt 3c Bei der Polizei.

2 zum: to beim: at

3 1 d, f 2 a, e 3 c

4 2 bei der Post 3 bei Familie Müller 4 beim Arzt

5 zum Doktor, zur Schule, zum Bahnhof, zum Flughafen. zur Bäckerei, zur Post, zum Geschäft

6 2 zur 3 zum 4 zum 5 zur 6 zur

7 모범 답안 ... zur Post. Ich muss noch zur Apotheke.

Ich komme um 20 Uhr. 나는 8시에 와요.

A Am Freitag um 20 Uhr Jazz im Sommer Am Samstag um 10 Uhr

B Freitag Sommer

C Wann?

1 2 Am Wochenende. 3 Um sieben Uhr.

2 um 10 Uhr: at ten o'clock am Montag: on Monday

3 am: zweiten September, Abend, Morgen, Nachmittag um: 22 Uhr, halb drei, Viertel vor eins

---

im: Mai, Winter, Oktober

4 (2) Am (3) um (4) Am (5) Um (6) am (7) um

> **읽기 번역**
> ◆ 어떻게 생각해? 우리 토요일에 휘트니스 센터에 갈까?
> ○ 그래! 휘트니스 센터는 언제 열지?
> ◆ 오전에. 그래서 우리는 10시에 아침 먹고 운동할 수 있어.
> ○ 좋아. 콘서트는 언제지?
> ◆ 오후에. 3시. 나는 벌써 기대 돼.
> ○ 나도 그래. 그리고 우리 저녁에 벨라 이탈리아에서 에밀리와 소피를 만날까?
> ◆ 좋은 생각이야. 그러면 8시?
> ○ 그래. 내가 테이블 예약할게.

5 2 Im 3 Am 4 am 5 Um

6 모범 답안 ... mache ich Yoga. Am Vormittag lerne ich Deutsch. Am Freitag um 16 Uhr treffe ich meinen Freund. Wir gehen in ein Café und am Abend gehen wir ins Kino.

39 Vor dem Spiel. 경기 전

A vor dem Spiel B
nach dem Spiel A

B vor dem nach dem

1 2 Wann soll ich kommen? – Komm bitte vor zehn Uhr. 3 Gehen wir auch ins Café? – Ja, klar. Vor dem Konzert. 4 Musst du noch lernen? – Ja, das mache ich nach dem Essen. 5 Kann ich später noch einmal anrufen? – Ja, aber bitte nicht nach 23 Uhr.

2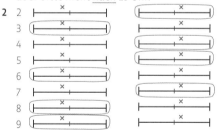

3 2 Vor dem Essen. 3 Nach dem Film. 4 Nach den Ferien. 5 Nach der Arbeit. 6 Vor dem Frühstück. 7 Vor der Prüfung. 8 Nach dem Deutschkurs.

4 2 dem 3 dem 4 dem 5 der 6 dem

5 10:15 Uhr: Es ist Viertel nach zehn. 18:20 Uhr: Es ist zwanzig nach sechs. 17:40 Uhr: Es ist zwanzig vor sechs. 23:55 Uhr: Es ist fünf vor zwölf. 00:05 Uhr Es ist fünf nach zwölf.

6 모범 답안 Vor dem Deutschkurs dusche ich. Nach dem Deutschkurs koche ich.

40 Ich fahre mit dem Bus. 나는 버스를 타고 가고 있어요.

A ☺ Ich fahre immer mit der U-Bahn. ☹ Ich fahre mit dem Taxi. ☺ Ich fahre oft mit dem Bus. ☹ Ich fahre immer mit dem Auto.

B mit dem   mit dem

C Wie?

1 2b   3d   4a   5e

2 1 mit dem Bus.   2 mit der Straßenbahn.   3 mit dem Taxi.

3 mit dem Bus

4 (2) dem   (3) dem   (4) dem

읽기 번역

안녕, 나는 칼라라고 해. 나는 함부르크에 살고 있고 의학을 전공해. 나는 자동차가 필요 없어. 나는 지하철이나 버스를 타. 대학이 멀지 않거든.

안녕, 내 이름은 벤이야. 나는 뮌헨 출신이고 시내에 살아. 나는 항상 자전거를 타고 사무실로 가. 그것이 뮌헨에서는 전혀 문제가 되지 않아. 그래서 나는 좋은 컨디션을 유지할 수 있어.

안녕, 나는 슈테파니야. 나는 시골에 살고 차를 가지고 있어. 여기서 사람들은 차가 필요해. 나는 차를 타고 휘트니스 센터에도 가고 시내에도 가고 사무실에도 가.

---

5 2 Tom fährt mit der Straßenbahn.   3 Emma fährt mit dem Zug/ICE.   4 Emilia fährt mit dem Auto.   5 Paula fährt mit der U-Bahn.   6 Lee fährt mit dem Fahrrad.

6 모범 답안 Ich fahre mit der U-Bahn ins Büro. Ich fahre mit der Straßenbahn ins Fitness-Studio. Ich fahre mit dem Auto zum Supermarkt.

41 Wie heißt du? 너는 이름이 뭐야?

A Sebastian Vettel   Angelina Jolie

B Wie   Woher   Wo

1 2 Was   3 Wann   4 Wo   5 Wohin   6 Woher

2 Woher?: where … from   Wie?: how   Wo?: where

3 Wo wohnen Sie?, Was ist das?, Wohin fahren wir?, Woher kommst du?, Wer ist das?, Wann bist du geboren?

4

	2	
Woher	kommt	Emma?
Wie	heißt	die Straße?
Wann	kommst	du?
Wohin	fliegt	ihr?
Was	kostet	der Schinken?
Wer	hat	kein Buch?

5 모범 답안 Was machst du am Wochenende? Wie groß bist du? Wie viele Geschwister hast du? Wie alt bist du?

42 Ist die Wohnung noch frei? 이 집은 아직 비어 있나요?

A Hat die Wohnung einen Balkon? Ist die Wohnung möbliert?

B Hat

1 2 Nein   3 Nein   4 Ja

2 2d   3a   4c

3

	2		
Wie	heißt		denn die Straße
	Ist	das Haus	nicht teuer?
Das Apartment	ist		nicht möbliert.

4 2 Wohnst du in Berlin?   3 Hat sie denn eine Wohnun   4 Ist die U-Bahn-Station in der Nähe?

5 2 Sprechen Sie Deutsch? – Ja   3 Hat die Wohnung einen Balkon? – Nein   4 Wohnen Sie in Frankfurt? – Nein

6 2 Wo wohnt Lisa?   3 Sind Tim und Lisa Freunde?   4 Woher kommt Lisas Familie?

7 모범 답안 Gibt es einen Balkon? Sind Haustiere erlau Ist die Wohnung frei? Ist der Bahnhof in der Nähe?

43 Morgen fahre ich nach Paris. 내일 나는 파리에 갑니다.

A Heute bin ich in Wien.   Morgen fahre ich nach Par

B bin   fahre

1 Am Nachmittag geht er in die Stadt. Er trifft Freun Dann gehen sie ins Café. Sie trinken Tee oder Kaffe Am Abend spielen sie Fußball.

2

	2		
Am Nachmittag	geht	er	in die Stadt.
Er	trifft		Freunde.
Dann	gehen	sie	ins Café.
Sie	trinken		Tee oder Kaffe
Am Abend	spielen	sie	Fußball.

3 2 Um sieben Uhr frühstückt er.   3 Dann nimmt er Bus.   4 Am Nachmittag trifft er seine Freundin.   5 Später geht er ins Fitness-Studio.

4 Am Dienstag trinke ich Kaffee mit Emma. Am Mittw spiele ich Gitarre mit Frank. Am Donnerstag esse i Pizza mit Luisa. Am Freitag höre ich Musik mit Tina

5 3 Um 12 Uhr machen wir Pause.   4 Maria frühstüc am Wochenende gerne im Bett.

6 모범 답안 … in die Universität. Am Mittag gehe ich m meinen Freunden Pizza essen. Am Nachmittag fah ich nach Hause und lerne Deutsch. Am Abend geh ich in den Deutschkurs.

44 Ich will jetzt Deutsch lernen. 나는 독일어를 배울 거야.

A *Wirklich? Du musst aber einen Kurs machen.*

Ja! Die Kurse fangen im Januar an.

B musst   machen

1 2d Heute Abend rufe ich dich an.   3a Mach bitte d Licht aus! Ich möchte schlafen.   4c Wo steigen Si aus?

2 2 Ich möchte ~~gehen~~ gerne ins Kino gehen.   3 Ich kann ~~kommen~~ leider nicht kommen.   4 Mein Vater muss ~~gehen~~ jetzt gehen.   5 Kann ich ~~benutzen~~ dein Handy benutzen?   Ich muss ~~einkaufen~~ noch einkaufen.

3 2 Gestern haben wir einen Ausflug gemacht.   3 Am Vormittag habe ich Deutsch gelernt.   4 Ist sie mit dem Auto gekommen?   5 Am Wochenende sind wir Fahrrad gefahren.

4

		2			문장 맨 뒤
2	Gestern	habe	ich	die Bücher	gekauft.
3	Meine Freundin Emily	kann		leider nicht	kommen.
4	Sie	ist		krank.	
5	Ich	habe		den Lehrer schon	gesehen.
6	Er	sieht		sehr nett	aus.
7	Nach dem Kurs	muss	ich	noch	einkaufen.
8	Dann	gehe	ich	gleich nach Hause.	

5 모범 답안 Gestern habe ich mit meinem Freund einen Film gesehen. Gestern bin ich ins Fitness-Studio gegangen. Gestern habe ich lange Deutsch gelernt.

Ich komme nicht. 나는 오지 않을 거예요.

A Wo ist denn die U-Bahn? Sie fährt leider <u>nicht</u>.   Was sagt denn der Chef? Mehr Arbeit und Stress, aber mehr Geld zahlt er <u>nicht</u>.   In der Kantine? Pommes sind aus, und Fisch mag ich <u>nicht</u>.   Und wo ist mein Freund? Der kommt heute <u>nicht</u>.

B nicht

1 2a Nein, leider <u>nicht</u>.   3d Naja, das Hotel gefällt mir <u>nicht</u>. 4c Ich bade <u>nicht</u> so gern. Ich auch <u>nicht</u>. Ich dusche lieber.

2 2 Das ~~nicht~~ weiß ich nicht.   3 Nein, sie ~~nicht~~ kann nicht kommen.   4 Na, hoffentlich ~~nicht~~ regnet es nicht.   5 Er schläft. Er ~~nicht~~ will nicht lernen.

3 2 Nein, Deutschbücher gibt es nicht.   3 Nein, Papier und Bleistifte haben wir nicht.   4 Nein, Tische gibt es nicht.   5 Nein, Computer haben wir nicht.

4 2 Das ~~nicht~~ verstehe ich (nicht).   3 Das Auto ~~nicht~~ funktioniert (nicht).   4 Emma kann (nicht) in den Deutschkurs kommen ~~nicht~~.

5 2 Nein, sein Deutsch ist nicht gut.   3 Nein, Rauchen ist hier nicht erlaubt.   4 Nein, Maria ist nicht da.   5 Nein, das hat Opa nicht verstanden.   6 Nein, das Zimmer ist nicht hässlich.   7 Nein, das Auto ist nicht zu klein.

6 2 Ich bin nicht müde.   3 Ich komme nicht am Vormittag.   4 Ich bin nicht glücklich.

7 모범 답안 Der Bus ist nicht pünktlich. Die Sonne scheint nicht.

46 Die Sonne scheint und es ist warm.
태양이 빛나고 날씨가 따뜻해요.

A Die Sonne scheint <u>und</u> es ist richtig warm. Sylt ist cool. Wir gehen jeden Tag an den Strand. Wir schwimmen im Meer <u>oder</u> spielen mit dem Ball. Unser Lieblings-restaurant heißt Sansibar. Der Fisch ist super lecker, <u>aber</u> er ist auch sehr teuer.
Liebe Grüße <u>und</u> bis bald
Paul <u>und</u> Emma

B oder   aber   denn

1 2 Ich muss Hausaufgaben machen und (ich muss) noch einkaufen.   3 Wir waren am Strand und (wir) haben viel gelesen.

2 2 Nimmst du (einen) Wein oder (ein) Bier?   Isst du lieber Pizza oder Spaghetti?

3 2 Steffi kommt nicht, denn ihre Katze ist krank.   3 Tim hat keine Zeit, denn er muss zum Training.

4 2 Der Bus ist billig, aber langsam.   3 Das Haus ist klein, aber sehr schön.

5 2 Ich möchte gerne ins Kino und dann eine Pizza essen.   3 Das können wir gerne machen, aber das kostet Geld.   4 Kein Problem, denn ich habe jetzt einen Job und verdiene gut.

6 2 oder   3 aber   4 und

7 모범 답안 Ich lerne Deutsch, denn ich möchte in Deutschland arbeiten.   Ich treffe meine Freunde, denn sie sind nett.

Fingerabdruck-Übersetzung lesen 읽기 지문 번역

2 Ich bin Laura. 나는 라우라야.

단 하나의 질문 – 너는 누구야?
안녕, 나는 라우라야. 나는 22살이야.
아직 나는 미혼이지만, 나는 행복해.
내 남자 친구 이름은 팀이야. 그는 IT 엔지니어야.
베를린 출신이야.

3 Ich heiße Emma. 내 이름은 엠마야.

안녕, 나는 엠마야. 그리고 여기 얘들은 나의 독일어 수업 친구들이야. 우리는 독일어도 좋아하고 셀카 찍는 것도 좋아해. 이 친구는 엘리아나야. 그녀는 브라질 출신이야. 그리고 여기는 사토시와 유지야. 일본 출신이고 여기 베를린에 있는 후지츠 회사에서 일하고 있어. 그리고 와우! 여기 얘들은 마리아, 미하엘레, 카티야. 마리아는 스페인에서 왔고, 미하엘레는 이탈리아, 카티는 영국에서 왔어. 마리아는 인턴으로 일하고 있고, 미하엘라는 대학에 다녀. 그리고 카티는 베를린 외국인 학교에서 일해. 우리는 모두 베를린에 살고 있어.

4 Ich habe einen Traum. 나는 꿈을 가지고 있어.

꿈
나는 정원을 가지고 있다.
나는 집을 가지고 있다. 나는 꿈을 가지고 있다.

그녀는 일을 가지고 있다.
그녀는 남자 친구를 가지고 있다. 그녀는 꿈을 가지고 있다.

우리들은 아이들을 가지고 있다.
우리들은 행운을 가지고 있다. 우리들은 꿈을 가지고 있다.

5 Sie isst gerne Pizza. 그녀는 피자 먹는 것을 좋아해.

안녕, 나는 레안드로야. 그리고 얘는 나의 자매야. 그녀는 대학에 다니고 세 가지 언어를 할 수 있어: 스페인어, 영어, 프랑스어. 그녀는 책 읽기를 좋아하고 친구들을 만나고 그리고 스케이트보드를 타. 그리고 그녀는 피자를 즐겨 먹어. 그녀는 종종 친구들을 초대하고 요리해.

6 Geh! Geht! Gehen Sie! 가! 가! 가란 말야!

1. 천천히 일어나! 숨을 들이쉬고 그리고 나서 숨을 내쉬어!
2. 너의 숙제를 해라! 단어들을 공부해! 문장을 읽어! 그리고 너의 방으로 가라!

7 Ich stehe um sieben Uhr auf. 나는 7시에 일어나.

7시: 그녀는 일찍 일어난다.
11시: 그녀는 생필품을 쇼핑한다.
17시: 그녀는 벤에게 전화를 건다.
20시: 그녀는 텔레비전을 본다.

8 Ich habe Deutsch gelernt. 나는 독일어를 배웠어요.

당신은 빈 출신인가요?
– 네, 그러나 저는 베를린에 삽니다. 빈에서 저는 학교를 다녔습니다.
당신은 직업 교육을 받으셨나요?
– 아니요, 저는 아직 대학에 다닙니다.
아, 알겠습니다. 당신은 영어를 잘하십니까?
– 네, 매우 잘합니다. 저는 일 년 동안 영국에서 살았고 대학을 다녔습니다.

9 Wir haben Pommes frites gegessen.
우리는 감자튀김을 먹었어.

나의 일기

일요일, 6월 15일
오늘 우리는 질트 섬에 있다.
질트는 환상적이다.
점심에 나는 생선과 감자튀김을 먹었다.
오후에 우리는 해변에서 책을 읽었고 잠을 잤다.
태양, 바람! 정말 좋았다!
저녁에 우리는 바에서 칵테일을 마셨다.

10 Wir sind Fahrrad gefahren. 우리는 자전거를 탔어.

나의 일기

일요일, 6월 16일
우리는 아직 질트 섬에 있다.
우리는 그것을 사랑한다.
우리는 오전에 자전거를 탔다. 우리는 섬 전체를 보았다.
오후에 함부르크 출신인 친구 칼라가 왔다.
저녁에 우리는 춤을 췄고 파티를 했다.

11 Ihr könnt unsere Parkplätze benutzen.
너희들은 우리의 주차장을 사용할 수 있어.

퍼스트 피트니스 센터에서는 모든 것이 가능하다. 그리고 게다가 그곳은 이다.

1. 너희들은 우리들의 주차 공간을 사용할 수 있다.
2. 너희들은 시범 트레이닝을 경험해 볼 수 있다.
3. 너희들은 건강 음료와 물을 마실 수 있다.

12 Muss ich mehr arbeiten? 내가 일을 더 해야만 하나?

내가 …… 해야만 하나?

너는 돈을 많이 벌어야만 한다!
내가 그래야만 하나?
너는 더 많이 일해야만 한다!
내가 그래야만 하나?
너는 이메일을 확인해야만 한다!
내가 그래야만 하나?
너는 …… 해야만 한다……

13 Was willst du werden? 너는 무엇이 되고 싶니?

단 하나의 질문 – 너는 무엇이 되고 싶니?

1. 컴퓨터는 나의 일이야.
   – 나는 IT 엔지니어가 될 거야.
2. 나는 운동을 좋아해.
   – 나는 피트니스 트레이너가 되고 싶어.

14 Wir dürfen viel sprechen. 우리는 많이 이야기를 해도 됩니

우리들의 독일어 수업 – 무엇을 해도 되고, 무엇을 하면 안 될까?
우리들은 많이 말해도 된다.   우리들은 잠자면 안 된다.
우리들은 책을 읽어도 된다.   우리들은 전화 통화하면 안 된다.
우리들은 실수를 해도 된다.   우리들은 음악을 들으면 안 된다.
우리들은 스마트폰을 사용해도 된다.

Was soll ich denn tun? 나는 어떻게 해야 하나요?

> 엄마, 나는 목감기와 코감기에 걸리고 열
> 이 나요.
> 내가 무엇을 해야 하지요? 16:15 ✓✓

> 차를 마시고, 스프를 먹고 침대에
> 누워 있어!
> 잠자는 게 중요해! 16:18

리사: 그래서? 엄마가 뭐라고 하셔?
나: 나는 차를 마시고, 스프를 먹고 그리고 침대에 누워 있어야 한대.

Äpfel und Birnen 사과와 배

실례합니다. 과일 있나요?
– 네, 여기요! 사과, 배, 오렌지……

Die Küche kostet nicht viel.
이 부엌은 많은 비용이 들지 않아요.

이 부엌은 XL 가구 거야.
XL 가구에서 나온 부엌은 비싸지 않아.
맞아! 그리고 XL 가구에서 나온 부엌은 정말 좋아!

Ich bestelle einen Salat. 나는 샐러드를 주문해요.

너 언제 와?
– 10분 뒤에. 나는 기차 탔어.
그럼 피자와 샐러드 주문해 놓을게. 괜찮지?
– 좋아!

Ich nehme den Computer. 나는 컴퓨터를 살게.

> 나 이 컴퓨터 살게! 10:46 ✓✓

> 좋아! 10:46

> 나는 이 가방과 이 프린터기도
> 살 거야. 우리 마우스도 하나
> 필요해. 그렇지? 10:47 ✓✓

> 좋아! 이따 봐. 10:48

Die Boutique gehört einem Freund.
이 옷 가게는 친구의 것이야.

1. 사라와 에밀리와 함께하는 쇼핑.
   이 옷 가게는 내 친구의 가게야.
2. 멋지다, 우리는 택시를 타고 간다!

Die Pizza schmeckt der Frau. 피자가 맛있어요.

음……
1. 이 맥주가 그 남자에게는 맛있다.
2. 이 레모네이드는 이 아이에게는 맛있다.
3. 이 피자가 이 여자에게는 맛있다.

23 Er ist viel zu klein. 그는 키가 너무 작아.

더 낮게 살자

세상에, 이 의자는 정말 별로다! 그리고 이것은 너무 작다.
나는 이 침대가 나쁘지 않다고 생각한다. 그렇지만 이것은 너무 짧다.
이 전등은 매우 예쁘다. 그리고 이것은 겨우 95유로밖에 안 한다.

24 Ich liebe dich. 나는 당신을 사랑해요.

이 사람은 라우라예요. 그녀는 나의 엄마예요. 나는 그녀를 사랑해요.
이 사람은 요나스예요. 그는 나의 아빠예요. 나는 그를 사랑해요.

25 Gefällt mir. 나는 그것이 좋아요.

우리의 마음에 들어.
나는 뮌헨을 좋아해.
너는 빈을 사랑해.
그리고 우리들은 베를린에 사는 것이 좋아.

너는 산을 좋아해.
나는 태양과 해변을 사랑해.
그리고 우리들은 시골에서 사는 것이 좋아.

👍 내 맘에 들어.
👍 너의 맘에 들어.
👍 우리의 맘에 들어.

27 Die Studentin kommt aus Nigeria.
그 여대생은 나이지리아 출신이에요.

A 나는 하이델베르크에서 공부합니다. 이곳은 도서관입니다.
B 하이델베르크에는 많은 학생들이 있습니다.
  여기 이 사람은 여대생입니다.
C 여기 이 여대생은 나이지리아 출신입니다.
  그녀의 이름은 로제입니다.

29 Ich habe immer Orangensaft im Kühlschrank.
나는 냉장고에 언제나 오렌지주스를 가지고 있어요.

나의 디톡스 프로그램
이것은 나의 디톡스 스무디예요. 이것은 건강하고 맛있어요!
나는 당연히 냉장고에 항상 오렌지주스와 아이스크림을 가지고 있어요.
그리고 내가 좋아하는 스무디를 위해 과일도 필요해요: 바나나, 사과,
레몬……

31 Sein Haus, ihr Haus 그의 집, 그녀의 집

팀, 토요일, 8월 23일
이 사람은 바닐라이다. 그녀는 매우 친절하다. 그리고 이곳은 그녀의 집이다.
그녀의 방은 작지만 매우 좋다. 그녀의 친구들은 칼라와 알리이고 그들 역시
여기에서 산다.

바닐라, 토요일, 8월 23일
이 사람은 팀이다. 그는 정말 멋지다. 그리고 이것은 그의 집이다. 와우, 그의
정원은 정말 훌륭하다. 그렇게 많은 나무들! 그리고 그의 개 이름은 플루피이
다. 이 개 정말 귀엽지 않아?

33 Dein Team, Ihr Team 너의 팀, 당신의 팀

안녕 사라,
너는 예약했지? 고마워.
너의 미니가 프리드리히 도로 12번지에 세워져 있어.
너의 오토다이렉트 팀으로부터

매우 친애하는 프랑크 씨,
예약해 주셔서 감사합니다.
예약하신 방은 준비되었습니다.
당신의 베를린 호텔 팀으로부터

37 Sie ist beim Training. 그녀는 운동하고 있어요.

너 어디야? 16:30

나 지금 운동 중이야. 16:31 ✓✓

우리 필리포 집에서 커피 마실까? 16:33

응 좋아! 그런데 나는 미용실에도
가야 해. 16:34 ✓✓

알겠어. 그러면 6시에 필리포
집에서 보자! 16:36

오케이. 16:37 ✓✓

42 Ist die Wohnung noch frei? 이 집은 아직 비어 있나요?
이 집이 아직 비어 있나요?
이 집은 발코니를 가지고 있나요?
당신은 이 파일을 열 수 있습니까?
이 집은 가구가 비치되어 있나요?

46 Die Sonne scheint und es ist warm.
태양이 빛나고 날씨가 따뜻해요.

안녕 에밀리.
우리들은 질트 섬에 와 있어. 우리들은 운이 좋아. 왜냐하면 날씨가 정말 좋거
든. 햇빛이 비치고 날씨는 정말 따뜻해.
질트는 정말 멋진 곳이야. 우리는 매일 해변으로 가. 그리고 바다에서 수영도
하고 공놀이도 해. 우리들이 즐겨 가는 식당의 이름은 산지바야. 생선이 정말
맛있어. 하지만 정말 비싸긴 해.
잘 지내고 곧 만나자.
파울과 엠마로부터

Unregelmäßige Verben 불규칙 동사

원형		현재형	현재 완료형
beginnen	시작하다	beginnt	hat begonnen
bekommen	받다	bekommt	hat bekommen
bitten	요청하다	bittet	hat gebeten
bleiben	머물다	bleibt	ist geblieben
bringen	가져오다	bringt	hat gebracht
dürfen	~해도 좋다	darf	hat gedurft
empfehlen	추천하다	empfiehlt	hat empfohlen
essen	먹다	isst	hat gegessen
fahren	(차를) 타고 가다	fährt	ist gefahren
finden	발견하다	findet	hat gefunden
fliegen	날아가다, 비행기를 타고 가다	fliegt	ist geflogen
geben	주다	gibt	hat gegeben
gefallen	마음에 들다	gefällt	hat gefallen
gehen	가다	geht	ist gegangen
gewinnen	얻다, 이기다	gewinnt	hat gewonnen
haben	가지다	hat	hat gehabt
halten	지니다, 멈추다	hält	hat gehalten
helfen	돕다	hilft	hat geholfen
kennen	알다	kennt	hat gekannt
kommen	오다	kommt	ist gekommen
können	할 수 있다	kann	hat gekonnt
laufen	달리다	läuft	ist gelaufen
lesen	읽다	liest	hat gelesen
liegen	누워 있다, 놓여 있다	liegt	hat gelegen
mögen	좋아하다	mag	hat gemocht
müssen	~해야 하다	muss	hat gemusst
nehmen	잡다, 받다	nimmt	hat genommen
riechen	냄새나다	riecht	hat gerochen
scheinen	(빛이) 비치다	scheint	hat geschienen
schlafen	잠자다	schläft	hat geschlafen
schreiben	글을 쓰다	schreibt	hat geschrieben
schwimmen	수영하다	schwimmt	ist geschwommen
sehen	보다	sieht	hat gesehen
sein	~이다, 있다	ist	ist gewesen
sitzen	앉아 있다	sitzt	hat gesessen
sollen	당연히 ~해야 한다	soll	hat gesollt
sprechen	말하다	spricht	hat gesprochen
stehen	서 있다	steht	hat gestanden
treffen	만나다	trifft	hat getroffen
trinken	마시다	trinkt	hat getrunken
tun	하다	tut	hat getan
überweisen	이체하다	überweist	hat überwiesen

원형		현재형	현재 완료형
unterschreiben	서명하다	unterschreibt	hat unterschrieben
verstehen	이해하다	versteht	hat verstanden
waschen	씻다	wäscht	hat gewaschen
werden	되다	wird	ist geworden
wissen	알고 있다	weiß	hat gewusst
wollen	원하다	will	hat gewollt

2 Verben mit Dativ 3격 지배 동사

3격 지배 동사는 목적어로 3격을 취하는 동사를 말합니다.

동사		예문	
antworten	대답하다	Sie antwortet ● dem Freund.	그녀가 친구에게 대답한다.
danken	감사하다	Ich danke dir sehr.	나는 너에게 매우 감사한다.
geben	주다	Luisa gibt Peter etwas.	루이자가 페터에게 뭔가를 준다.
gefallen	마음에 들다	Die Bluse gefällt mir sehr.	이 블라우스는 매우 내 마음에 들어.
gehören	~에 속하다	Das Handy gehört ● meinem Freund.	이 휴대폰은 내 친구의 것이야.
glauben	믿다	Wir glauben ihm.	우리는 그를 믿어.
gratulieren	축하하다	Er gratuliert ● seiner Frau.	그는 그의 부인을 축하한다.
helfen	돕다	Wir helfen ● dem Großvater im Garten.	우리는 정원에 계신 할아버지를 돕는다.
schmecken	맛있다	Die Pizza schmeckt ● meinem Kind nicht.	이 피자는 내 아이 입에 안 맞는다.
stehen	어울리다	Das Kleid steht dir gut.	이 원피스는 너에게 잘 어울린다.

3 Verben mit Akkusativ 4격 지배 동사

4격 지배 동사는 목적어로 4격을 취하는 동사를 말합니다.

동사		예문	
abgeben	내주다	Ich gebe ● den Wagen ab.	나는 이 차를 넘겨 준다.
abholen	데리러 가다	Wir holen dich ab.	우리가 너를 데리러 갈게.
anbieten	제공하다	Sie bietet ● den Kuchen an.	그녀가 케이크를 준다.
anklicken	클릭하다	Klick bitte mal ● das Bild an!	이 사진 좀 클릭해 봐!
ankreuzen	X 표시하다	Kreuzt bitte ● die Lösung an!	답에 X 표시하라!
anmachen	켜다	Mach bitte ● das Licht an!	불 좀 켜 줘!
anmelden	알리다	Sie meldet ihn an.	그녀가 그에게 알린다.
anrufen	전화 걸다	Er ruft ● seinen Vater an.	그가 그의 아버지께 전화를 건다.
anziehen	옷을 입다	Ich ziehe ● den Mantel an.	나는 외투를 입는다.
ausfüllen	채우다	Füllen Sie bitte ● das Formular aus.	이 서식을 채워 주세요.
ausmachen	끄다	Mach bitte ● das Licht aus!	불 좀 꺼 줘!
ausziehen	옷을 벗다	Er zieht ● den Mantel aus.	그가 외투를 벗는다.
bekommen	받다	Ich habe ● den Brief bekommen.	나는 편지를 받았다.
benutzen	사용하다	Bitte benutzen Sie ● den Aufzug nicht.	이 승강기를 사용하지 마십시오!
besichtigen	구경하다	Ich möchte gerne ● die Kirche besichtigen.	나는 이 교회를 구경하고 싶다.
bestellen	주문하다	Wir bestellen ● den Wein.	우리는 이 와인을 주문할게요.
besuchen	방문하다	Darf ich dich besuchen?	내가 너를 방문해도 될까?

동사		예문	
bezahlen	지불하다	Sie bezahlt ● die Rechnung.	그녀가 계산서를 지불한다.
brauchen	필요하다	Brauchst du ● den Drucker noch?	너는 아직 복사기가 필요하니?
bringen	가져오다	Ich bringe ● einen Tee.	나는 차 한 잔을 가져온다.
buchstabieren	철자를 읽다	Bitte buchstabieren Sie ● Ihren Namen!	당신 이름의 철자를 말해 주세요!
drucken	인쇄하다	Ich drucke ● einen Text.	나는 텍스트를 인쇄한다.
drücken	꼭 안다	Die Mutter drückt ● ihr Kind.	엄마가 아이를 꼭 안는다.
einkaufen	쇼핑하다	Die Eltern kaufen ● ein Geschenk ein.	부모님이 선물을 산다.
einladen	초대하다	Ich lade ● meinen Freund ein.	내가 나의 친구를 초대한다.
empfehlen	추천하다	Ich empfehle ● den Wein aus Italien.	나는 이탈리아산 와인을 추천한다.
erklären	설명하다	Die Lehrerin erklärt ● die Rechnung.	선생님이 계산서를 설명한다.
erzählen	이야기하다	Er erzählt ● eine Geschichte.	그가 이야기를 해 준다.
essen	먹다	Sie isst ● einen Hamburger.	그녀가 햄버거를 먹는다.
feiern	파티하다	Wir feiern heute ● meinen Geburtstag.	우리는 오늘 내 생일 축하 파티를 할 거야.
finden	찾다	Wir müssen ● die Schlüssel finden.	우리는 열쇠들을 찾아야만 한다.
fragen	질문하다	Ich frage ihn mal.	내가 그에게 물어볼게.
gewinnen	이기다	Wer gewinnt ● das Spiel?	누가 그 게임에서 이기니?
haben	가지다	Ich habe ● einen Freund.	나는 친구 한 명을 가지고 있다.
heiraten	결혼하다	Meine Schwester heiratet ● einen Engländer.	나의 언니는 영국 남자와 결혼한다.
holen	가져오다	Ich hole ● einen Kaffee.	나는 커피 한 잔을 가져온다.
hören	듣다	Wir hören ● den Text.	우리가 그 텍스트를 듣는다.
mitbringen	가지고 가다	Ich bringe ● das Bild mit.	내가 그림을 가지고 간다.
möchten	~을 원하다	Ich möchte ● die Suppe.	나는 수프를 원해.
mögen	좋아하다	Sie mag ● keinen Kaffee.	그녀는 커피를 좋아하지 않는다.
nehmen	취하다, 가지다	Ich nehme ● den Bus.	나는 버스를 탄다.
öffnen	열다	Er öffnet ● das Geschenk.	그가 선물을 열어 본다.
rauchen	흡연하다	Der Mann raucht ● eine Zigarre.	그 남자가 담배를 핀다.
reparieren	수리하다	Der Handwerker repariert ● das Dach.	그 기술자가 지붕을 수리한다.
riechen	냄새 나다, 냄새 맡다	Der Hund riecht ● die Katze.	개가 고양이 냄새를 맡는다.
sagen	말하다	Der Lehrer sagt ● die Vokabeln.	선생님이 단어들을 말한다.
schicken	보내다	Herr Meier schickt ● ein Paket.	마이어 씨가 소포 하나를 보낸다.
schließen	닫다	Ich schließe ● die Tür.	나는 그 문을 닫는다.
schreiben	쓰다	Ich schreibe ● einen Brief.	나는 편지 한 통을 쓴다.
spielen	놀다	Die Kinder spielen ● ein Spiel.	아이들을 게임을 한다.
suchen	찾다	Ich suche ● den Schlüssel.	내가 열쇠들을 찾는다.
treffen	만나다	Anna trifft ● ihren Freund.	안나가 그녀의 남자 친구를 만난다.
trinken	마시다	Das Kind trinkt ● eine Milch.	아이가 우유를 마신다.
überweisen	이체하다	Ich überweise ● das Geld.	내가 돈을 이체한다.
unterschreiben	서명하다	Wir unterschreiben ● den Vertrag.	우리가 계약서에 서명한다.
verdienen	돈을 벌다	Er verdient ● viel Geld.	그가 많은 돈을 번다.
verkaufen	팔다	Ich verkaufe ● den Wagen.	내가 그 차를 판다.
vermieten	세놓다	Wir vermieten ● die Wohnung.	우리는 이 집을 세놓는다.
verstehen	이해하다	Ich verstehe ihn nicht.	나는 그를 이해할 수 없다.
wiederholen	반복하다	Die Schüler wiederholen ● die Übung.	학생들이 연습을 반복한다.
zahlen	계산하다	Er zahlt ● das Brot.	그가 이 빵을 계산한다.

4 Trennbare Verben 분리 동사

분리 전철과 동사가 결합된 형태로서, 현재 시제와 명령문에서 동사 앞에 붙은 분리 전철이 동사로부터 분리되어 문장의 맨 뒤에 위치하는 동사를 분리 동사라고 부른다.

동사		예문	
abfahren	출발하다	Wir fahren um ein Uhr ab.	우리는 한 시에 출발한다.
abfliegen	(비행기를 타고) 출발하다	Wann fliegst du ab?	너는 언제 출발하니?
abgeben	넘겨주다	Ich gebe das Buch heute ab.	나는 이 책을 오늘 준다.
abholen	데리러 가다	Wir holen dich ab.	우리가 너를 데리러 간다.
anbieten	제공하다	Ich biete ihr einen Kaffee an.	나는 그녀에게 한 잔의 커피를 준다.
anfangen	시작하다	Der Deutschkurs fängt gleich an.	독일어 강좌가 곧 시작한다.
anklicken	클릭하다	Klick bitte mal das Bild an!	이 사진 좀 클릭해 봐!
ankommen	도착하다	Wann kommt der Zug in München an?	기차가 몇 시에 뮌헨에 도착합니까?
ankreuzen	X 표시를 하다	Kreuzt bitte die Lösung an!	답에 X 표시해!
anmachen	켜다	Mach bitte das Licht an!	불 좀 켜 줘!
(sich) anmelden	등록하다	Sie meldet sich morgen für den Deutschkurs an.	그녀는 내일 독일어 강좌에 등록한다.
anrufen	전화 걸다	Er ruft seine Mutter an.	그는 그의 엄마에게 전화를 건다.
(sich) anziehen	~을/를 입다	Sie zieht Jeans und T-Shirt an.	그녀는 바지와 티셔츠를 입는다.
aufhören	끝나다, 중지하다	Der Kurs hört morgen auf.	그 강좌는 내일 끝난다.
aufräumen	정돈하다	Ich räume mein Zimmer auf.	나는 내 방을 정돈한다.
aufstehen	아침에 일어나다	Wir stehen immer um sieben auf.	우리는 항상 7시에 일어난다.
ausfüllen	채우다	Füllen Sie bitte das Formular aus.	이 서식을 채워 주세요.
ausmachen	끄다	Mach bitte das Licht aus!	불 좀 꺼 줘!
aussehen	~게 보이다	Das sieht gut aus.	그건 좋아 보인다.
aussteigen	하차하다	Sie steigt am Goetheplatz aus.	그녀는 괴테 광장에서 하차한다.
(sich) ausziehen	~을/를 벗다	Er zieht die Schuhe aus.	그는 신발을 벗는다.
einkaufen	쇼핑하다	Was kaufst du heute ein?	너는 오늘 무엇을 쇼핑할 거니?
einladen	초대하다	Ich lade meine Freunde ein.	나는 나의 친구들을 초대한다.
einschlafen	잠이 들다	Er schläft oft vor dem Fernseher ein.	그는 종종 창문 앞에서 잠이 든다.
einsteigen	승차하다	Er steigt hier ein.	그는 여기서 승차한다.
fernsehen	텔레비전을 보다	Wir sehen heute Abend mal fern.	우리는 오늘 저녁에 텔레비전을 본다.
kennenlernen	알다, 사귀다	Wir lernen hier viele Leute kennen.	우리는 여기서 많은 사람들을 알게 된다.
mitbringen	가지고 가다	Ich bringe dir einen Kaffee mit.	내가 너를 위해 커피 한 잔을 가지고 간다.
mitkommen	같이 가다	Kommst du auch mit?	너도 같이 갈래?
mitmachen	같이 하다	Warum macht ihr nicht mit?	왜 너희들은 같이 하지 않니?
mitnehmen	데려가다	Nehmen wir meine Schwester ins Theater mit?	내 여동생도 극장에 데려갈까?
umziehen	이사하다	Nächsten Monat ziehen wir um.	우리는 다음 달에 이사한다.

Modalverben 화법 조동사

동사		예문	
können	할 수 있다	Ihr könnt ein Probetraining machen.	우리는 리허설 연습을 할 수 있다.
müssen	해야 한다	Ihr müsst die Hausaufgaben machen.	너희들을 숙제를 해야만 한다.
wollen	하려고 하다	Was willst du werden?	너는 어떤 직업을 가지려고 하니?
möchten	원하다	Sie möchte Ingenieurin werden.	그녀는 엔지니어가 되길 원한다.
dürfen	~해도 좋다	Wir dürfen hier nicht rauchen.	우리는 여기서 흡연하면 안 됩니다.
sollen	당연히 ~해야 한다	Was soll ich denn tun?	내가 도대체 무엇을 해야 할까?

Personalpronomen 인칭 대명사

독일어의 인칭 대명사는 주어로 쓰이는 1격과 목적어로 쓰이는 3격과 4격이 있습니다 .

인칭 대명사 1격	인칭 대명사 4격	인칭 대명사 3격
ich 나는 Ich bin Paul. 나는 파울이다.	mich 나를 Er liebt mich. 그는 나를 사랑한다.	mir 나에게 Der Garten gehört mir. 이 정원은 내 것이다.
du 너는 Du kommst aus Berlin. 너는 베를린 출신이다.	dich 너를 Ich liebe dich. 나는 너를 사랑한다.	dir 너에게 Die Pizza schmeckt dir. 이 피자는 너의 입맛에 맞는다.
er 그는 Er ist mein Freund. 그는 나의 남자 친구이다.	ihn 그를 Ich kenne ihn. 나는 그를 안다.	ihm 그에게 Wir helfen ihm. 우리는 그를 돕는다.
es 그것은 Es ist noch klein. 그것은 아직 작다.	es 그것을 Ich liebe es. 나는 그것을 사랑한다.	ihm 그것에게 Die Stadt gefällt ihm. 이 도시는 그의 마음에 든다.
sie 그녀는 Sie ist meine Freundin. 그녀는 나의 여자 친구이다.	sie 그녀를 Ich hole sie ab. 나는 그녀를 데리러 간다.	ihr 그녀에게 Die Blumen gefallen ihr. 이 꽃들은 그녀의 마음에 든다.
wir 우리는 Wir wohnen in München. 우리는 뮌헨에 산다.	uns 우리들을 Ihr kennt uns. 너희들을 우리들을 안다.	uns 우리에게 Ihr helft uns. 너희들은 우리들을 돕는다.
ihr 너희들은 Ihr kommt aus Brasilien. 너희들은 브라질 출신이다.	euch 너희들을 Wir brauchen euch. 우리는 너희들을 필요로 한다.	euch 너희들에게 Ich hoffe, es schmeckt euch. 나는 그것이 너희들의 입맛에 맞기를 바란다.
Sie 당신은 Sind Sie Frau Schmidt? 당신은 슈미트 부인이십니까?	Sie 당신을 Wir kennen Sie. 우리는 당신을 안다.	Ihnen 당신에게 Ich hoffe, es gefällt Ihnen. 나는 그것이 당신의 마음에 들기를 희망합니다.
sie 그들은 Sie heißen Tim und Eva. 그들은 팀과 에바입니다.	sie 그들을 Wir mögen sie. 우리는 그들을 좋아한다.	ihnen 그들에게 Die Pizza schmeckt ihnen. 이 피자는 그들의 입맛에 맞는다.

7 Possessivartikel 소유 대명사

	소유 대명사 1격		소유 대명사 4격	
ich 나는 mein- 나의	Das ist / sind 이 사람은 / 입니다.	● mein Vater. 나의 아빠 ● mein Kind. 나의 아이 ● meine Großmutter. 나의 할머니 ● meine Eltern. 나의 부모님	Ich liebe 나는 사랑한다.	● meinen Vater. 나의 아빠를 ● mein Kind. 나의 아이를 ● meine Großmutter. 나의 할머니를 ● meine Eltern. 나의 부모님을
du 너는 dein- 너의	Das ist / sind 이 사람은 / 입니다.	● dein Vater. 너의 아빠 ● dein Kind. 너의 아이 ● deine Großmutter. 너의 할머니 ● deine Eltern. 너의 부모님	Du liebst 너는 사랑한다.	● deinen Vater. 너의 아빠를 ● dein Kind. 너의 아이를 ● deine Großmutter. 너의 할머니를 ● deine Eltern. 너의 부모님을
er (Peter) 그는(페터) sein- 그의	Das ist / sind 이 사람은 / 입니다.	● sein Vater. 그의 아빠 ● sein Kind. 그의 아이 ● seine Großmutter. 그의 할머니 ● seine Eltern. 그의 부모님	Er liebt 그는 사랑한다.	● seinen Vater. 그의 아빠를 ● sein Kind. 그의 아이를 ● seine Großmutter. 그의 할머니를 ● seine Eltern. 그의 부모님을
sie (Lisa) 그녀는(라사) ihr- 그녀의	Das ist / sind 이 사람은 / 입니다.	● ihr Vater. 그녀의 아빠 ● ihr Kind. 그녀의 아이 ● ihre Großmutter. 그녀의 할머니 ● ihre Eltern. 그녀의 부모님	Sie liebt 그녀는 사랑한다.	● ihren Vater. 그녀의 아빠를 ● ihr Kind. 그녀의 아이를 ● ihre Großmutter. 그녀의 할머니를 ● ihre Eltern. 그녀의 부모님을
wir 우리는 unser- 우리의	Das ist / sind 이 사람은 / 입니다.	● unser Vater. 우리의 아빠 ● unser Kind. 우리의 아이 ● unsere Großmutter. 우리의 할머니 ● unsere Eltern. 우리의 부모님	Wir lieben 우리는 사랑한다.	● unseren Vater. 우리의 아빠를 ● unser Kind. 우리의 아이를 ● unsere Großmutter. 우리의 할머니 ● unsere Eltern. 우리의 부모님을
ihr 너희들은 eu(e)r- 너희들의	Das ist / sind 이 사람은 / 입니다.	● euer Vater. 너희들의 아빠 ● euer Kind. 너희들의 아이 ● eure ! Großmutter. 너희들의 할머니 ● eure ! Eltern. 너희들의 부모님	Ihr liebt 너희들은 사랑한다.	● euren ! Vater. 너희들의 아빠를 ● euer Kind. 너희들의 아이를 ● eure ! Großmutter. 너희들의 할머니 ● eure ! Eltern. 너희들의 부모님을
sie (Peter + Lisa) 그들은(페터 + 리사) ihr- 그들의	Das ist / sind 이 사람은 / 입니다.	● ihr Vater. 그들의 아빠 ● ihr Kind. 그들의 아이 ● ihre Großmutter. 그들의 할머니 ● ihre Eltern. 그들의 부모님	Sie lieben 그들은 사랑한다.	● ihren Vater. 그들의 아빠를 ● ihr Kind. 그들의 아이를 ● ihre Großmutter. 그들의 할머니를 ● ihre Eltern. 그들의 부모님을
Sie (Frau Schmidt) 당신은(슈미트 부인) Ihr- 당신의	Das ist / sind 이 사람은 / 입니다.	● Ihr Vater. 당신의 아빠 ● Ihr Kind. 당신의 아이 ● Ihre Großmutter. 당신의 할머니 ● Ihre Eltern. 당신의 부모님	Sie liebt 당신은 사랑한다.	● Ihren Vater. 당신의 아빠를 ● Ihr Kind. 당신의 아이를 ● Ihre Großmutter. 당신의 할머니를 ● ihre Eltern. 당신의 부모님을

Präpositionen mit Dativ 3격과 함께 쓰는 전치사

전치사	예문	
an (an dem = am) 때에 Wann? 언제? 시간	Sie kommt 그녀는 온다. Wir fahren 우리는 간다.	● am Dienstag. 화요일에 ● an den Feiertagen nach Paris. 공휴일에 파리로
auf 위에 Wo? 어디에서? 장소	Das Glas steht 유리잔이 세워져 있다. Er wohnt 그가 산다. Das Auto steht 자동차가 세워져 있다. Es sind viele Menschen 많은 사람들이 있다.	● auf dem Tisch. 탁자 위에 ● auf dem Land. 시골에 ● auf der Straße. 도로 위에 ● auf den Straßen. 도로들 위에
aus ~로부터 Woher? 어디로부터? 장소	Ich komme 나는 출신이다. Sie kommt 그녀는 출신이다. Wir kommen 우리는 출신이다.	● aus Italien. 이탈리아 ● aus der Schweiz. 스위스 ● aus den USA. 미국
bei (bei dem = beim) 옆에 Wo? 어디에? 장소	Ich bin 나는 있다. Sie ist 그녀는 있다. Er arbeitet 그는 일한다. Sie essen 그들은 먹는다.	● beim Arzt. 의사 옆에 ● beim Training. 연습 중에 ● bei der Polizei. 경찰서에서 ● bei den Nachbarn. 이웃 사람들 집에서
in (in dem = im) 때에 Wann? 언제? 시간	Was macht ihr 너희들은 무엇을 하니? Wir schlafen 우리는 잔다. Ich schlafe 나는 잔다.	● im Sommer? 여름에? ● in der Nacht. 밤에 ● in den Ferien oft lange. 방학에 종종 늦게까지
in (in dem = im) 안에서 Wo? 어디에서? 장소	Das Glas steht 유리잔이 세워져 있다. Er wohnt 그는 산다. Sie wohnt 그녀는 산다. Es gibt viel Verkehr 교통이 혼잡하다.	● im Schrank. 냉장고 안에 ● in Deutschland. 독일에서 ● in der Stadt. 시내에서 ● in den Städten. 그 도시들에서는
mit ~을 타고 Wie? 어떻게? 방법	Er fährt 그는 간다. Sie kommt 그녀는 온다. Wir fahren 우리는 간다. Wir fahren gerne 우리는 즐겨 간다.	● mit dem Bus. 버스를 타고 ● mit dem Auto. 자동차를 타고 ● mit der U-Bahn. 지하철을 타고 ● mit den Fahrrädern. 자전거를 타고
nach ~로 Wohin? 어디를 향해? 장소	Wir fahren 우리는 간다. Sie fliegen 그들은 비행기를 타고 간다.	● nach Paris. 파리로 ● nach Deutschland. 독일로
nach ~한 후에 Wann? 언제? 시간	Ich esse 나는 먹는다. Er trinkt oft Wasser 그는 종종 물을 마신다. Wir treffen uns 우리는 만난다. Wir schreiben den Test 우리는 시험을 본다.	● nach dem Deutschkurs. 독일어 강좌가 끝난 후에 ● nach dem Training. 연습이 끝난 후에 ● nach der Party. 파티가 끝난 후에 ● nach den Ferien. 방학이 끝난 후에
vor ~ 하기 전에 Wann? 언제? 시간	Ich esse 나는 먹는다. Er trinkt viel Wasser 그는 종종 물을 마신다. Wir treffen uns 우리는 만난다. Wir schreiben den Test 우리는 시험을 본다.	● vor dem Deutschkurs. 독일어 강좌 전에 ● vor dem Training. 연습 전에 ● vor der Party. 파티 전에 ● vor den Ferien. 방학 전에
zu (zu dem = zum) ~으로 (zu der = zur) Wohin? ~을/를 향해? 장소	Ich gehe 나는 간다. Gehst du 너는 가니? Sie geht 그녀는 간다. Wir gehen 우리는 간다.	● zum Friseur. 미용실로 ● zum Training? 연습하러? ● zur Schule. 학교로 ● zu den Freunden. 친구들에게로

Präpositionen mit Akkusativ 4격과 함께 쓰는 전치사

전치사	예문	
in (in das = ins) 어디로 Wohin? ~을/를 향해? 장소	Wir fahren 우리는 간다. Ich gehe 나는 간다. Fährst du 너는 가니? Kommt ihr mit 너희들도 함께 가니?	● in den Club. 클럽으로 ● ins Fitness-Studio. 스포츠 센터로 ● in die Stadt? 시내로 ● in die Berge? 산에
um ~시에 Wann? 언제? 시간	Sie kommt 그녀는 온다. Der Zug fährt 기차는 온다.	um sieben Uhr. 7시에 um 15:30 Uhr. 15시 30분에

Register 1 문법 색인

Register 2 어휘 색인

Quellenverzeichnis 이미지 출처

Titel und Rücktitel: © Thinkstock/iStock/Brusonja

S. 6 von links: © Getty Images/iStock/andresr, © Getty Images/DigitalVision/Yuri_Arcurs, © Getty Images/iStock/vadimguzhva

S. 8: © Thinkstock/iStock/Jowita Stachowiak

S. 9 von links: © Getty Images/E+/LeoPatrizi, © Thinkstock/Wavebreak Media, © Getty Images/E+/PeopleImages, © Getty Images/E+/GlobalStock, © Getty Images/E+/gradyreese, © Getty Images/iStock/funduck

S. 10: © Thinkstock/iStockphoto

S. 12: © Getty Images/E+/Piskunov

S. 14: © Getty Images/Vetta/GlobalStock

S. 16 von oben: © Getty Images/iStock/Choreograph, © Getty Images/E+/Dean Mitchell

S. 18 von links: © Getty Images/iStock/gpointstudio, © Getty Images/iStock/GregorBister, © Getty Images/iStock/BernardaSv, © Konstantin Yuganov – stock.adobe.com

S. 20: © fotolia/contrastwerkstatt

S. 22: © refresh(PIX) – stock.adobe.com

S. 24: © magicbeam – stock.adobe.com; Illustrationen: © iStockphoto/cajoer

S. 26 von links: © Getty Images/iStock/SolisImages, © Getty Images/iStock/antos777, © sabine hürdler – stock.adobe.com

S. 28: © Getty Images/DigitalVision/PeopleImages

S. 30 von links: © Getty Images/E+/BraunS, © Getty Images/E+/track5

S. 32: © Thinkstock/iStock/ambassador806

S. 34: © Getty Images/iStock/Squaredpixels

S. 36 von links: © Alamy Stock Photo/United Archives GmbH, © Das Haus, © Eckes-Granini

S. 38: © irisblende.de

S. 40: © Thinkstock/iStock/Jun Zhang

S. 42: Hueber Verlag/Florian Bachmeier, Schliersee

S. 44: © Getty Images/E+/Jacob Wackerhausen

S. 46 von links: © Getty Images/E+/SolStock, © Getty Images/iStock/william87

S. 48 von links: © Getty Images/iStock/petrenkod, © Getty Images/iStock/dolgachov, © Getty Images/E+/wundervisuals

S. 50 von links: © Thinkstock/Zoonar/Zoonar RF, © Thinkstock/iStock/ballero, © Thinkstock/iStock/homydesign

S. 51 von oben: © Thinkstock/iStock/tiler84, © Getty Images/iStock/Bulgac

S. 52 oben von links: © Thinkstock/Stockbyte/George Doyle, © Getty Images/E+/shapecharge, © Getty Images/E+/Dean Mitchell; Illustrationen: © Shutterstock/dipego

S. 53: © Mat Hayward – stock.adobe.com

S. 54: © iStockphoto/pearleye

S. 56 von links: © Getty Images/iStock/andresr, © Getty Images/iStock/padnpen

S. 58 von links: © alephnull – stock.adobe.com, © Thinkstock/iStockphoto, © Getty Images/iStock/michaeljung

S. 60: © Getty Images/iStock/Ilyabolotov

S. 61 von 1–6: © fotolia/Stockcity, © fotolia/Dimitrius, © iStockphoto/rKIRKimagery, © iStockphoto/gbrundin, © Getty Images Plus/iStock Unreleased/AM-C, © Thinkstock/iStock/ciud; unten: © Getty Images/Stone/Erik Dreyer

S. 62: © Getty Images/iStock/baibaz

S. 64: © Getty Images/E+/EmirMemedovski

S. 66 von links: © Getty Images/iStock/dusanpetkovic, © Getty Images/E+/andresr

S. 68: © Getty Images/E+/ultramarinfoto

S. 69 von links: © Getty Images/E+/nullplus, © iStock/ewg3 © Getty Images/iStock/piovesempre

S. 70: © Shutterstock/dipego

S. 71 von A bis D: © Getty Images/iStock/SolisImages, © Getty Images/iStock/MattoMatteo, © Getty Images/iStock/william87, © Hasloo Group – stock.adobe.com,

S. 72 von links: © Alamy Stock Photo/MARCO CATTANEO, © Getty Images/iStock/william87, © Production Perig – stock.adobe.com

S. 74 oben von links: © Getty Images/Stockbyte/altrendo images, © Thinkstock/Goodshoot; Illustrationen: © Shutterstock.com/aekikuis

S. 76 von A bis D: © iStockphoto/Dmitriy Shironosov, © Thinkstock/Wavebreak Media/Wavebreakmedia Ltd, © Getty Images/iStock/ViewApart, © Thinkstock/iStock/monkeybusinessimages; Illustration: © Shutterstock.com/aekik

S. 78: © andreaobzerova - stock.adobe.com

S. 80 von links: © Getty Images/iStock/ysbrandcosijn, © fotolia/Yuri Arcurs

S. 82 von links: © picture alliance/Sven Simon, © picture alliance/augenklick

S. 84: © Getty Images/Vetta/TommL

S. 85 Illustrationen unten: © Thinkstock/iStock/ayax

S. 86 von links: © action press/imagebroker.com, © Thinkstock/Getty Images Entertainment

S. 88: © Thinkstock/iStock/g-stockstudio

S. 90 oben von links: © fotolia/lightpoet, © Getty Images/iStock/ventdusud, © Getty Images/iStock/TomasSereda © Getty Images/iStock/anshar73; unten: © Rido – stock.adobe.com

S. 92: © Getty Images/E+/FatCamera

S. 94: © Getty Images/iStock/AndreyPopov

독일어 문법 연습 A1

지은이 Rolf Brüseke
편역 이영선
펴낸이 정규도
펴낸곳 (주)다락원

초판 1쇄 인쇄 2019년 7월 10일
초판 1쇄 발행 2019년 7월 18일

책임편집 이숙희, 한지희
디자인 유지영, 유현주

다락원 경기도 파주시 문발로 211, 10881
전화 (02)736-2031 내선 420~426
Fax (02)738-1714
출판등록 1977년 9월 16일 제406-2008-000007호

공급처 (주) 다락원
구입 문의 전화 (02)736-2031 내선 250~252
　　　　　 Fax (02)732-2037

Deutsch Grammatik leicht A1
ⓒ by Hueber Verlag, 2018
Baubergerstr. 30, 80992 München, Deutschland

값 13,000원
ISBN 978-89-277-3242-6 13750

http://www.darakwon.co.kr
다락원 홈페이지를 방문하시면 상세한 출판 정보와 함께
다양한 어학 정보를 얻으실 수 있습니다.